# 政界ヤクザ



一橋文哉

角川文庫
22211

# 目次

編集協力／メディアプレス、松山令子

# 序章　安倍首相が隠したかった黒い紳士

## ご飯論法でごまかし答弁

「しどろもどろな答弁」とはまさしく、安倍《あべ》晋三《しんぞう》首相のあの無様な対応ぶりのことを指すのだろう。

何があっても常に強気の姿勢を貫いてきた安倍首相だったが、誰が聞いても不自然かつ不誠実な答弁を繰り返していたことは、隠しようのない事実であった。

新聞各紙で報じられ、世の笑い者になった「募集」をめぐる論争を検証する。

二〇二〇（令和二）年一月二十八日の衆院予算委員会で、共産《きょうさん》党の宮本《みやもと》徹《とおる》氏が「（首相は『桜を見る会』の参加者を）推薦ではなく、幅広く募集している。首相の地元事務所は一九（平成三十一）年二月に参加申込書を支援者らにコピーさせ、知人らをどんどん誘ってきたのではないか。首相はいつから知っていたのか」と追及した。

安倍首相は「私は幅広く募っているという認識で、募集しているという認識ではなかった」と答弁。宮本議員は苦笑しながら「募集の募は募るという字で同じです」と諭すように言うと、安倍首相はきまり悪そうに「事務所が相応《ふさわ》しい方々に声を掛け、その意味で募ると言った。新聞等に広告を出したわけじゃない」と述べたのだ。

これには国会内でも嘲笑《ちょうしょう》が起こり、与党席からも失笑が漏れた。

安倍首相は事務所の不手際にしようとしたようだが、宮本議員が「内閣府が参加者を取りまとめる前に、安倍事務所は招待状を送っている」と追及すると、安倍首相も不手際を認めざるを得なかった。

「桜を見る会」は首相主催で一九五二（昭和二十七）年から毎年四月、東京・新宿御《しんじゅくぎょ》苑《えん》で開かれる。皇族や国会議員、各国大使のほか、各界で活躍した人々が招かれ、お酒や簡単な食事などが振る舞われるが、参加費は無料だ。

二〇一九年は約一万八千人が出席し全部で約五千五百万円の税金が使われたが、そこに安倍首相の地元山口県の後援会メンバーらが約八百人も出席していたことから、「国民の税金を使い自分の支援者をもてなしていたのではないか」との疑念が生じ、世間の批判を浴びてしまったわけだ。

ほかにも後援会が前日に東京の高級ホテルで前夜祭のパーティーを開いたが、豪華な食事まで付いていたのに会費が一人五千円と格安だったため、事実上、後援会が会費を補助したのではないかとの指摘が相次いだ。そして、それらが公職選挙法が禁じている買収や寄付行為に当たるのではないかと疑われたのだ。

この疑念を晴らしたければ領収書や明細書などを揃えて収支を公表すれば済むのだが、「招待者名簿は既に廃棄した」と言って資料を出さず、無理な答弁を重ねているのは、公表したくない不都合な事情があるのではないか、と誰もが勘繰ってしまうのは当然の成り行きであったろう。

さらに国民の疑念を深めたのは、首相の「迷答弁」の数々であった。

そもそも安倍首相の答弁は、一問一答形式の論戦でも正面から答えようとはせず、意図的に論点をずらす「ご飯論法」を多用する、と言われてきた。「ご飯論法」とは「朝ご飯を食べたか」と聞かれ、実際はトーストを食べているのに「(コメの)ご飯は食べていない」と答えるごまかしの手法を指す。別の日の国会審議でも、野党統一会派の議員が「仮に、内閣府への推薦者名簿を事務所も廃棄したとする。だが、首相の後援会名簿には『桜を見る会』の参加者が記録されているはずだと思うが……」と質問したのに対して、安倍首相は「推薦者名簿は既に廃棄している。それ以外に『桜を見る会』の招待者を確認出来る名簿などは作成していない」と答えている。

このチグハグな問答こそが、「朝ご飯は食べたか」「ご飯は食べていない」とごまかす「ご飯論法」そのものなのである。

## 表と裏の「補佐官」がいる

ここで、政府答弁で明らかになった問題点を三つに分けて考えてみる。

第一は「桜を見る会」への招待者をどのような基準で推薦し、どうやって決めているのか、という点である。

例えば、二〇一九年十一月八日の参院予算委員会で安倍首相は「招待者の取りまとめなどに関与していない」と答えていたのに、二〇年一月二十八日の衆院予算委員会では、「私が把握した各界で活躍されている方々も推薦するよう意見を伝えたこともあった」と述べて、主体的に関わっていたことを認めるなど変化しているのだ。

それでも、安倍首相は一月二十九日の参院予算委員会で、「桜を見る会」に関し自身の事務所による推薦者の調査結果について、「個人情報に関することなので、誰を推薦し招待したかは言えない」と公表を拒否した。

そうして「桜を見る会」の招待者推薦決定への関与を認めながらも、それ以上の真実は明かさず、同会を私物化していたことを否定するという、曖昧《あいまい》かつ怪しげな姿勢がますます疑惑を深めていったのである。

後に国会に提出された内閣府の資料によれば、「桜を見る会」の参加者のうち、首相推薦枠を含む「各界功績者（総理大臣等）」が一八（平成三十）年に前年より約一千九百人も増えていたことが明らかになった。

妻の昭恵《あきえ》氏の招待枠についても「各界で活躍する人を幅広く把握する観点から妻に聞くこともあり、その意見を事務所に伝えたこともある」と平然と答えている。

「記録がない」と言って真相究明に後ろ向きな姿勢を取り続けた安倍首相といえど、証拠や証言を突きつけられてはそう答えるしかなかったのかも知れないが、一国を代表する立場の総理としてお粗末過ぎると言われても仕方あるまい。

二番目の問題点として、「桜を見る会」の前日に首相の後援会が開いた「前夜祭」のパーティーが挙げられる。

この前夜祭の参加者も一九（平成三十一）年までの五年間で倍増しており、なぜ首相は「公的行事の私物化」と批判されるような支援者の招待を堂々と拡大させてきたのか、という疑問を探っていくと、そこに意外な事実が浮上してきた。

まず、この夕食会は首相の事務所職員が会費を集金し、ホテル側に渡しているだけなので後援会は収支がなく、政治資金収支報告書に記載する必要はないと主張する。

参加者とホテルの契約と言いたいのだろうが、それを認めると、政治活動の収支報告を義務付けた政治資金規制法は抜け穴だらけのザル法になりかねない。

首相がどんな人を招待したか、パーティーの費用はいくらだったのかは、招待者名簿やホテルの明細書を見れば一目瞭然《いちもくりょうぜん》のはずだが、名簿は五月に野党議員が提出を求めた日に合わせたかのように内閣府が廃棄し、ホテルの文書も後援会にないといい、電子データも復元出来ないと釈明、真相は解明されそうにない。

なぜなら、そうした背景には、安倍首相の地元・山口県で繰り広げられている激しい政争があるからだという。

安倍首相は下関《しものせき》市などを地盤とする山口四区の選出。同じ下関市などを地盤とする参院議員の林《はやし》芳正《よしまさ》・前文科相がいて、両派の戦いはいつも熾烈《しれつ》だ。

地盤の中核都市である下関市で一七（平成二十九）年に行われた市長選は、安倍首相の元秘書で同市議だった新人の前田《まえだ》晋太郎《しんたろう》氏が、林系の大幹部で三選を目指した現職の中尾《なかお》友昭《ともあき》氏を僅差《きんさ》で破り初当選した。

それは「安倍・林の代理戦争」と呼ばれ、歴史に残る激戦だったと言われている。

その選挙で安倍陣営に協力した人々へのご褒美に「桜を見る会」が利用され、協力者や功労者たちが多数招待されたのではないかとの見方もある。

美しく華やかな桜の陰には因縁の深い戦いと、ドロドロした地元政界の思惑が見え隠れしているのだ。

三番目は政府が招待者名簿などの重要書類を破棄した公文書管理の問題である。野党に潔白を証明するための名簿などの「証拠」類について、菅義偉《すがよしひで》官房長官はいくら国会への提出を求められても、「遅滞なく廃棄した」と全く応じない。

菅長官は、「桜を見る会」の招待者名簿の廃棄を決めたのは官僚だと言い切り、すべての責任を官僚に転嫁した。

また、菅長官は一八（平成三十）年に招待者名簿の保存期間を一年から一年未満に変えた責任者も内閣府人事課長、即ち官僚だったと強調する。

そのうえで、「桜を見る会」の招待者名簿を「行政文書ファイル管理簿」に記載していなかった内閣府の対応は、公文書管理法違反に当たると認めたのだ。

実際、内閣府は「桜を見る会」招待者数の内訳を記した資料を一九（令和元）年五月に把握していたのに、翌二〇年一月まで八ヵ月間も国会や官房長官に報告していなかったことが判明している。

また、内閣府が一九年十一月に国会に提出した推薦者名簿の一部から内閣官房内閣総務官室の部局名を消去するなど隠蔽《いんぺい》工作をしていたことも分かった。

こうしたズサンな公文書管理を許せば、国民による政治のチェックは難しくなり、民主主義の土台を崩壊させてしまう。

「桜を見る会」の招待者は、第二次安倍政権発足以降、年々増え続け、首相の後援会関係者や妻の昭恵氏が推薦した知人らが大勢含まれるようになってきたといわれる。そんな実態を公にしたくないという思惑が何らかの形で影響したことは間違いない。

安倍政権や内閣府などが隠している資料・データと情報を明らかにすれば、すぐ分かる話が多いのに、安倍首相はなぜか応じようとせず、嘘を小出しにしてバレる醜態を繰り返している。

今やＡＩ時代。どんな些《さ》細《さい》なデータでも、官僚ならば一定期間はパソコンか何かに残しておくのは当然だろう。小学生でも絶対にしないであろう初歩的ミスを政府機関や優秀な官僚、首相の事務所が犯すのは余りに不自然である。

そうなると、そこには何か名簿を出せない事情があるとしか考えられない。つまり、名簿に載っている人々の中に、安倍首相や政権にとって〝好ましからぬ人物〟がいるということだ。

それは、週刊誌などで暴露された闇社会の関係者が「桜を見る会」に出席していたことではないかと言われているが、それならその人間の存在がバレて本人も認めているのだから、もはや名簿を隠す必要はなくなったはずである。安倍首相が本当に隠したかった人物はほかにもいて、隠す理由も別にあったということであろう。

そして、確かにその人物は存在した。

一人は都内在住の実業家、Ａ氏で、横浜《よこはま》市にカジノを誘致しようとして密《ひそ》かに動き回っていたが、激しい受注競争に巻き込まれ、資金を使い果たした挙げ句、夢破れて姿を消してしまった。

横浜へのカジノ誘致は、マカオの巨大ＩＲ企業であるメルコをはじめ、様々な企業が事業に一枚嚙《か》もうとしのぎを削っており、そこに国会議員などの政治家や闇社会の面々が群がって、大変な修羅場と化しているという。

東京地検特捜部はすかさずカジノ誘致活動について内偵に乗り出し、一九年十二月に秋元司《あきもとつかさ》衆院議員を収賄容疑で逮捕。二〇年一月にはメルコ日本法人に家宅捜索に入るなど摘発に乗り出している。

「特捜部の標的は、カジノ事業に関わりがあり、秋元議員にも繋《つな》がっている二《に》階俊博《かいとしひろ》幹事長や菅官房長官だと言われており、黒川弘務《くろかわひろむ》検事長の定年延長は政府の対抗策ではないかとの説も出ているほどです」（司法関係者）。

A氏はそうした中に無闇に突っ込んで〝玉砕〟した恰好《かっこう》だ。一説には闇社会の面々に〝処分〟されたのではないかと言われているが、肝心のカジノ事業争奪戦はまだ始まったばかりである。

もう一人は総会屋出身の企業舎弟、小倉俊弘《おぐらとしひろ》（仮名）であった。

本人の好むと好まざるとにかかわらず、小倉には戦後の闇社会に君臨し暗躍してきた〝黒い紳士〟たちの影がまとわりつき、彼の存在を実際以上に大きく見せていたと言っていいだろう。

〝黒い紳士〟たちの正体については追々明らかにするとして、彼らはいかにして政治家の周りに集まり、センセイたちの胸元深くに食い込んでいったのだろうか。

政治家たちの多くは選挙に勝つことと、いかに自分の存在を大きく見せられるかといったことしか考えていない。世の中の事情や国民の気持ちも、理解しているようでほとんど分かっていないセンセイ方が多いのが実情である。

政権を担う大臣クラスでも、自分の担当する省庁の基本的な職務内容さえ十分に把握しておらず、背後に控える官僚や秘書官らの用意した文書・メモや資料などがなければ、満足に答弁出来ないことは、テレビの国会中継を見ていれば一目瞭然だろう。

だから、野党議員にちょっと突っ込まれただけで、しどろもどろになるのは無理からぬことであり、官僚や秘書官ら優秀な補助者なくしてセンセイ方の活動は成立しないことは明らかなのだ。

そうした官僚や秘書官が「表の補佐官」だとしたら、「裏の補佐官」と位置付けられるのが「政界ヤクザ」と呼ばれる者たちである。

政治家の裏金づくりに始まって、選挙の裏参謀、選挙区の有力支持者の利害調整、敵対勢力との暗闘指揮と排除、センセイのスキャンダルの揉《も》み消しなど各種処理……など「自分のセンセイを守るためなら、何でも行う」のが政界ヤクザの職務であり、仕事内容が非合法活動など「ヤバければヤバいほど」、彼ら政界ヤクザの存在感が増すのである。

経済活動を主とする「企業舎弟」や「総会屋」、政治経済両方に手を伸ばす「政商」、そして闇ですべてを支配しようとする「フィクサー」も「政界ヤクザ」の一種と言っていいだろう。

ここに登場する小倉なる人物こそが、まさに「政界ヤクザ」そのものであり、A氏も「政界ヤクザ」のメンバーの一人と言っていいだろう。

彼らはいったい、どのような人物なのか——その実態は、後で詳述しよう。

# 第1章　政界ヤクザの系譜

## オグリという名の男

　序章に登場した男は小倉俊弘（仮名）であり、彼はまさに総会屋稼業と株の仕手戦の〝申し子〟と言っていい人間であった。

　特に、世を震撼《しんかん》させるような派手な何かをしてのけたという訳ではない。

　かつて会社側と敵対する剛腕の総会屋として鳴らし、若いのに一歩も引かず、大手企業の経営者や先輩の大物総会屋、そして彼らを取り巻く暴力団幹部らに一目を置かれていた。

　また、自らが投じる金額はさほど大きくないものの、信頼する仲間たちと共に度々巧みな駆け引きで難しい仕手戦を勝ち抜き、長年にわたって不敗神話を誇る常勝仕手集団として、金主たちに絶大なる信頼を寄せられていた。

　そんな彼らは、少人数ながら〝山椒《さんしょう》は小粒でもピリリと辛い証券取引業界のプロ集団〟として一世を風靡《ふうび》した面々なのだ。

　オグラという名前を当時、人気のあった競馬の常勝馬「オグリキャップ」の名に掛けて、親しい友人らはいつしか「オグリ」と呼ぶようになった。若い頃は不良少年仲間たちと仲良く、悪事を働いては警察に厄介になる自堕落な生活を送っていた。

オグリこと小倉俊弘は一九五四（昭和二十九）年九月十一日、新潟《にいがた》市で、派手で我がまま、強気な両親のもと一人息子として生まれた（本書では以下、小倉を「オグリ」と呼ぶことにする）。

父親はもともと山師的な性格もあって競輪、競馬に始まり、サイコロや花札などのバクチに狂って多額の借金を拵《こしら》え、消費者金融などに多重債務をつくった挙げ句、オグリが九歳の時についに犯罪者の仲間入りを果たした。

オグリによれば、生活苦と借金の取り立てに悩んだ挙げ句に、群馬県高崎《たかさき》市のパチンコ景品交換所を襲って従業員にけがを負わせ、強盗致傷容疑で逮捕されたのだ。そして懲役十二年の実刑判決を受けて同県内の刑務所に服役したという。

しかし身体に酒毒が回っていたためか、二年も経たないうちに刑務所内で肝硬変で死亡した。そんな父親の遺体は妻（オグリの母親）を含め親族の誰もが引き取らず、無縁仏として葬られた。

飲食店などで一日中働きながら女手一つで一人息子を育ててきた気丈な母親だが、いつしか常連客だった年下の男と深い関係になって子供を残して夜逃げし、そのままずっと家に帰って来なかった。

後になって、母親が男に捨てられて一人寂しく大阪《おおさか》市内で死んだという話が伝わってきたが、一人息子のオグリをはじめ親戚《しんせき》縁者の誰もが遺体の引き取りに行かず、あれほど憎んでいたはずの夫（オグリの父親）と全く同様の、孤独で惨めな死に様を晒《さら》すことになった。

孤児となったオグリは小学生から中学生になる多感な思春期に、東京近郊に住む遠い親類の家に引き取られたが、本人の弁によれば、その家の子供たちからはイジメられ、同級生はもちろん担任教師や養い親からも差別や嫌がらせを受けて「みじめったらしく」育った。

そんな絵に描いたような悲惨な青春期を送ったオグリは、当然のようにグレて、不良少年仲間と一緒に万引きから引ったくり、自販機荒らし、恐喝など悪事の限りを尽くし、我が家とも思っていた不良仲間が集まるアジトと、少年院や少年刑務所の間を往復し、どんどん転落していくという辛《つら》い人生を送った。

そんな時に知り合ったのが、いかにも小心者の小物といった雰囲気が漂う詐欺師の佐《さ》藤芳隆《とうよしたか》（仮名）であった。

佐藤は東京・兜町《かぶとちょう》周辺をウロつくことが多く、小金を貯め込んでいる素人の個人投資家らを騙《だま》しては資金を出させ、株の仕手戦や先物取引につぎ込んだ。

時にはかなりの小遣い銭を稼いで酒だ女だと裕福な一時を過ごすこともあったようだが、大抵は借金を膨らませて取り立て屋から逃げまくる〝どうしようもない生活〟を送っていた。

オグリは佐藤にくっ付いて兜町や茅場町《かやばちょう》を歩き回り、証券取引の基礎的な知識から仕手戦や先物取引、詐欺商法まで学んだ。

また、佐藤が金儲《かねもう》けに成功し〝見たこともないような札束〟を抱えて豪遊する様を間近で見て感動したり、逆に仕手戦に敗れ、カネを借りていたヤクザの取り立てに追われ、逃げ回った挙げ句に殺されそうになった姿を見て全身に震えを覚えたりするうちに、共に喜怒哀楽（実際はそんな生易しいものではなかったが）を味わいつつ、さまざまなことを学んでいった。

そんなオグリが大きく変わる機会を得たのは、「乗っ取り屋」や「買い占め屋」として知られていた横井《よこい》英樹《ひでき》の〝参謀格〟を自称する高岡《たかおか》卓弥《たくや》（仮名）という四十代前半の男に出会い、交流するようになったことであった。

高岡自身は軟弱な性格で口は軽く、いかにも詐欺師的な雰囲気を持った男であり、とても信用出来る人間ではなかった。

だが、彼を通じて知り合った面々が悪人、善人を問わず（と言っても、ほとんどが悪人ばかりであったが……）魅力的な人物が多く、そうした連中との交遊ぶりを語る高岡の話が非常に面白かったこともあり、オグリの人生に大きな影響を与えたことは間違いなかった。まさにオグリの原点は、ここにあった。

オグリが高岡から聞いた話で最も多く、そして中身が具体的かつ詳細で何と言っても面白かったのは、横井英樹に関するものであった。

自ら横井の「参謀格だった」と胸を張る高岡だから、横井について詳しいのは当然としても、失敗談に関する重箱の隅をつつくような細かいエピソードや敗因分析、横井の複雑な胸のうち、横井を取り巻く不可解な人間関係など、誰も知らないような、それどころか横井自身でさえ気づいていないような情報まで知っていて、ペラペラと喋《しゃべ》っているのには驚いたという。

そうした高岡の自慢話の中で、と言うより半ばホラ話の中で、オグリが特に興味を抱いたのは、六六（昭和四十一）年に発生した箱根《はこね》・富士屋《ふじや》ホテル乗っ取り事件の裏話であった。

事件当時まだ小学校卒業間近の子供だったオグリは、その事件についてほとんど覚えていなかったが、高岡の話によれば、それはこんな事件であった。

神奈川県・箱根にある富士屋ホテルは、慶応義塾《けいおうぎじゅく》で福沢諭吉《ふくざわゆきち》から直《じか》に経済論や英語学を学んだという山口仙之助《やまぐちせんのすけ》が一八七八（明治十一）年に、日本で初めての本格的なリゾートホテルとして開業した由緒ある老舗《しにせ》ホテルであった。

横井は一九六〇（昭和三十五）年、創業者・山口仙之助の長女から神奈川県藤沢《ふじさわ》市の別荘を購入したのをきっかけに、総資産が百六十億円相当以上はあるとされた富士屋ホテルの創業者一族の人々と知り合った。

さらに、同ホテルの経営者一族の中に内紛が発生していることを知ると、直ちに同ホテルの株の買い占めに走った。

そして、四年後の六四（昭和三十九）年に開かれた株主総会で、横井は総株数約二百五十二万四千株の三分の一を超える株を集めたことを楯《たて》にして現職の会長を退陣に追い込み、見事、合法的な乗っ取りに成功した。

横井は自分の立場をより磐石《ばんじゃく》なものにしようと企て、それまで箱根・富士屋ホテルには全く縁もゆかりもなかった大物右翼の児玉誉士夫《こだまよしお》に後ろ楯として同ホテルの役員就任を求め、了承を得た。

ところが、追放された社長たちがホテル近くに別荘を持っていた「政商」の小佐野《おさの》賢治《けんじ》に泣きつき、小佐野が富士屋ホテルの内紛問題解決に乗り出してきたことから、風向きが変わってきた。

小佐野は、横井が勝手に後ろ楯と称していた児玉や暴力団東声会元会長の町井《まちい》久之《ひさゆき》に直接会って談判に及び、富士屋ホテルの内紛問題解決を自分に一任してもらえるように要請し、了承を得た。

その後も横井と小佐野の富士屋ホテルをめぐる暗闘は一年近く続いたが、当初は横井に加担していた創業者一族が小佐野に対する児玉の密《ひそ》かなる支援を知って、次々と小佐野側に寝返ったため、小佐野側の完勝に終わった。

## 宿敵・西武鉄道株を買い占めた横井

横井と小佐野が児玉を巻き込んで対決した株の買い占め事件はこの後もあり、高岡の〝見てきたようなホラ話〟は際限なく続いた。

そうした話が、オグリをわくわくさせ、彼を株の仕手戦に誘《いざな》ったと見て、まず間違いはなかろう。

中でも一九六九（昭和四十四）年から二年近くも続いた西武《せいぶ》鉄道株買い占め事件の話は、小佐野と横井、児玉の三つ巴《どもえ》の絡み合いに加え、横井の後ろ楯と言われた東《とう》急《きゅう》グループの五島《ごとう》の宿敵とも言える西武グループが相手だっただけに、オグリの好奇心を大いに揺さぶり、連日夢中になって聞いた高岡の話が刺激になって今の仕事に至っていることは想像の範囲内である。

　コトは、横井が六九年末から西武鉄道株の買い占めに走ったことに始まっている。横井の後ろ楯だった東急グループ総帥の「強盗慶太《けいた》」こと五島慶太に対して、「ピストル堤《つつみ》」と呼ばれた堤康次郎《やすじろう》が率いてきたのが西武グループであった。当時の西武鉄道は、康次郎の片腕と言われた小島正治郎《こじままさじろう》が社長を継ぎ、激しく後継者争いをしていた異母兄弟の堤清二《せいじ》と堤義明《よしあき》は、共に副社長であった。

　この二人の兄弟は後に、西武グループ内で熾烈《しれつ》な勢力争いを繰り広げ、結果的に義明が鉄道グループを、清二が流通グループを分割統治することになる。

　だが、この時点ではまだ趨勢《すうせい》は定まっておらず、骨肉の争いがドロ沼化している最中と言えた。

　内紛が大好きだった横井がそれを見逃すはずもなく、忽《たちま》ちあちこちから約百八十万株を買い集めた。そして、七〇（昭和四十五）年七月に堤清二を訪ね、当時の時価の数倍の値段を吹っ掛けて買い取りを要求したという。

清二が株の買い取りを断固拒否したため、横井はさらに買い進め、十カ月後には約三百六十万株を買い集めた――と、当時の事情に詳しい西武関係者は語る。

三百六十万株とは、西武グループ本体の国土《こくど》計画《けいかく》と、主要な取引銀行に次ぐ第四の大株主であり、横井がすべての株を名義変更すれば、忽ち個人筆頭株主に躍り出ることは必定で、何を仕出かしてくるか分からなかった。

弱り切った西武鉄道側は小佐野に泣きついた。

小佐野は児玉に話を持ちかけ、児玉は横井から株を買い取り、西武側に渡すように話を付けた。

七一（昭和四十六）年九月に西武系の東京プリンスホテルの一室で、株の受け渡しが行われた。その席には横井と西武鉄道社長の小島ら役員三人が同席し、小佐野と児玉が立会人を務めるという緊張感あふれる異様な会談風景であった。その場で、株代金の二十五億円が支払われたが、堤兄弟は最後まで姿を現さなかったという。

だが、オグリが本当に気になった話は横井ではなく、小佐野についてであった。

オグリは、横井の目的が企業の株を買い占め、仕手戦などで株価をつり上げると共に、最終的にその株を相手企業に高値で引き取らせることだった、と見ていた。

一方、小佐野は株を買い占めた企業のほとんどを自分のものにし、一つの自立した企業として成長させることを信条としているように見えた。

その意味でオグリは小佐野を実業家であると認識していたが、横井はあくまで虚業家に過ぎず、当然のように、オグリは小佐野の考えの方が好きで、支持してきた。

もっともオグリが高岡の話に出てくる人物たちの中で、小佐野以上に信頼し、敬愛していたのが元首相の田中角栄《たなかかくえい》であった。

田中角栄は、オグリにとって郷土・越後《えちご》が生んだ英雄であった。

地元の高等小学校を卒業後に上京し、苦労して建築事務所を開業。衆院議員選挙に立候補して一度落選後に当選し代議士になった苦難の生きざまは、自ら不幸な生い立ちをしていると思ってきたオグリに、何度も勇気と感動を与えてくれた。

その田中角栄と小佐野という敬愛する二人が初めて出会ったのは、オグリがこの世に生を享《う》ける七年も前の一九四七（昭和二十二）年頃のことだった。

二人の関係はロッキード事件で象徴されるように、清濁併せ呑《の》む器の大きさや深さが互いに求められ、見事なまでに並立しているのであって、一心同体とか一蓮托生《いちれんたくしょう》と言うが如く、次々と一緒にコトを進めていったように思えてならない。

その二人にとって七二（昭和四十七）年は、運命の一年であった。

同年七月の自民党総裁選は、田中角栄と福田《ふくだ》赳夫《たけお》の一騎討ちとなった。

二人は同じ自民党佐藤《さとう》派の大幹部だった。田中が佐藤派内の国会議員三十八人を押さえ有利なように見えたが、福田のバックには派閥の長で、現職の総理大臣でもある佐藤栄作《えいさく》が付いていたうえ、福田には別に自分を支持するグループが控えており、全部を合わせると少なくとも五十八票以上に達していた。

さらに、福田は椎名《しいな》悦三郎《えつさぶろう》、水田《みずた》三喜男《みきお》、船田《ふなだ》中《なか》の中間三派を押さえたうえ、四十票を持つ中曽根《なかそね》派を取り込んだ、と確信を持って構えていた。

ところが、田中は豊富な資金力にモノを言わせて、各派の議員を個別に切り崩し、小佐野も全力で協力した。小佐野が田中の総裁選のために使ったカネは三十億円と言われており、実際はその二倍の六十億円との説も流れたほどだ。

後は中立を装っていた中曽根派を完全に抱き込めるかがポイントになったが、小佐野は中曽根攻略に打って付けの人物に接触した。

それは大物右翼の児玉誉士夫であった。

児玉は昔から河野《こうの》一郎《いちろう》と親しく、河野派の幹部だった中曽根とも親交があったという。児玉の秘書が中曽根事務所の秘書になったこともある。

結局、小佐野は児玉を介して中曽根を田中陣営に引き入れることに成功し、中曽根は、マスコミに対して高らかに「田中支援」を表明した。

七二（昭和四十七）年七月五日、佐藤栄作首相が引退を表明した後、後継者を選ぶ自民党臨時党大会が開かれ、一、二位の票獲得者による決選投票の結果、田中角栄が党総裁に選ばれ、史上最年少の総理大臣が誕生した。

## 小佐野も児玉も……皆、死んだ

田中角栄と小佐野賢治を応援してきたオグリにとって、一九七六（昭和五十一）年に米国議会で発覚したロッキード事件はまさに青天の霹靂《へきれき》であり、衝撃的な出来事であった。

同年二月の衆院予算委員会で、小佐野が全日空《ぜんにっくう》社長らと共に証人喚問を受けたことも、小佐野を敬愛するオグリにとっては〝耐えられない事実〟であった。

だが、それ以上に小佐野が野党議員の質問に対して、一貫して「記憶にございません」と答弁し続けたことがショックであった。

オグリにとって小佐野は、コトの善悪はさておき、堂々と自分の意見を言い、自分の生き方を貫く人間だった――はずである。

それが「記憶にない」という曖昧《あいまい》な証言を繰り返して〝逃げ〟を図り、挙げ句の果てに二回目の証人喚問は「高血圧兼冠不全」という病名を理由に出頭せず、深夜密《ひそ》かに順天堂《じゅんてんどう》大学病院に入院するに及んで、オグリはマスコミ以上に激怒した。八一（昭和五十六）年十一月、小佐野に懲役一年の実刑判決（求刑懲役二年）が下った。小佐野は直ちに控訴して法廷闘争に乗り出したが、五年後の八六（昭和六十一）年十月に病死した。

児玉は八四（昭和五十九）年一月に死亡し、田中角栄は翌八五（昭和六十）年二月に脳梗塞《のうこうそく》で倒れて入院し、二度と国会に現れることはなかった。

こうして、かつて敬愛した人々の哀れな末路を見てしまったオグリだが、意外なことに、何ら悲しみも憤りも、ましてや絶望さえも感じなかった。

そんな彼の冷静な態度は、三十歳を過ぎて一端《いっぱし》に総会屋や株の仕手戦など闇の仕事を行って経験を積み、心身共に強くなったからということだけではなさそうである。

実は、オグリは前述した児玉誉士夫や小佐野賢治、横井英樹といった面々や、彼らに仕手戦の極意や詐欺商法のノウハウなどを伝授された〝弟子〟たちの言動、書き綴《つづ》った手記・文書類などからいろいろなことを学んでおり、それらが彼の風格や自信満々の言動に繋《つな》がったと考えられる。

オグリが誰に何を学んだのか——については裏の仕事が多いため、全貌《ぜんぼう》がなかなか表面化しない特徴があり、本人も知り合いの証券関係者に「そんなことは言えるはずがないだろう。企業秘密だから、誰だって知られたくない話があるんだ」と漏らしていたことがあるという。

そこでオグリ本人の言動や彼の周辺にいる人々の証言から、彼が誰からどんな教えを学び、いかなる影響を受けたのかについて、推測出来る限り明らかにしてみようと思う。

オグリが後に最も尊敬することになる小佐野と出会ったのは、七〇（昭和四十五）年秋のことであった。

父親の失態で生活に困窮していたオグリが、アルバイト先の土産品店経営者に連れられて、商売のため訪れていた岩手県の花巻《はなまき》温泉であった。

岩手県は当時、国体が開かれ、県内は活気を呈しているはずであったが、観光やバス・タクシーなどの地元交通業界は軒並み経営難に陥っていた。

小佐野は六二（昭和三十七）年に、秋田県北部の十三社が合同して設立し、同県大《おお》館《だて》市に本拠を置く「秋北《しゅうほく》バス」を買収した。

最初は主要な取引銀行への配慮（付き合い）程度の話であったが、やがて小佐野の東北王国建設への布石として注目されるようになった。

小佐野は六九（昭和四十四）年には、青森県三沢《みさわ》市と十和田湖《とわだこ》を結ぶ鉄道とバス路線を有する「十和田観光電鉄」（十鉄）も買収した。

続いて県都・盛岡《もりおか》市を中心とした「岩手中央バス」を買収。三陸《さんりく》海岸などを押さえる「岩手県北バス」、八幡平《はちまんたい》に乗り入れていた「岩手県営バス」、水沢《みずさわ》市を中心とした「岩手県南バス」、花巻温泉を核とする「花巻バス」や「花巻電鉄」を次々と買収しようとしたが、「岩手県北バス」が拒否。それ以外の三社は合併して「岩手県交通」として発足し、小佐野が三〇パーセント以上の株を持つ筆頭株主となったが、ついに念願の県内の路線バス一本化は果たせなかった。

ただ小佐野は決してがっかりはしていなかった。なぜなら、中央資本等から見向きもされなかった岩手県民から救世主のように感謝されたこともあったが、彼が密かに狙っていた花巻温泉を手中に収めたからである。

小佐野は既に田中角栄から東北新幹線建設に着手することを聞いていたからではないか、と思われる。転んでもただでは起きないとは、このことである。

オグリは個別に小佐野と会談するなど直接教えを受けたことはないのだが、小佐野の講演などを聞いたり、彼が出向く所には出来るだけ出席するなどして彼の言葉を自分への教えとして聞き、習得したという。

その小佐野より六歳も年上で、オグリが二十九歳の時に亡くなっている児玉に関しては、さらに縁遠い存在と言えた。

しかし、オグリは児玉が関わった数々の経済事件を新聞や雑誌、書籍などで読み漁《あさ》り、裁判記録などを可能な限り収集して学習したという。

特に自分がその地位を望んでいたわけではなかったが、フィクサーなる人物の言動や存在感に惹《ひ》かれた。そして、誰よりもロッキード事件の真相を知る児玉が、そうした秘密を一切語らずに墓場まで持って行った潔さには感動を覚えていた。

「記憶にない」とシラを切った小佐野には失望したはずなのになぜ、児玉には感動したのかは、オグリ本人もよく分からないというが、実際のところ、ロッキード裁判は児玉の死で公訴棄却となり、日本の政界工作など事件の本質に関わる疑惑は解明されないままで終わってしまった。

かつて政財界の大物やマスコミ関係者、そして闇社会の面々まで押しかけていた東京都世《せ》田《た》谷《がや》区等々力《とどろき》の児玉誉士夫邸。高級住宅地である等々力の一区画を占めるほどの大邸宅だった。

七六（昭和五十一）年には、児玉を尊敬する俳優の男（当時二十九歳）が「裏切り者に天誅《てんちゆう》を下す」とセスナ機で突っ込み、死亡する事件も起きており、さまざまな面で注目された場所であった。

ただ、ロッキード事件で国税当局から土地の差し押さえを受け、児玉の死後、税金を支払うために売られ、現在は高級マンション二棟が建っている。

最《も》早《はや》、そこに永田町《ながたちよう》、即ち日本を事実上支配していた怪物・児玉の邸宅があったことさえ知る人が少なくなってしまったのだ。

世の中が大きく変わってしまった、と憂いている場合ではないだろう。

さて、このオグリという男が「桜を見る会」に出席していたことがなぜ、そんなに問題になるのか。

その答えを探る前にまず、オグリが生きてきたバブリーな証券取引や総会屋の世界とは、いったいどんな状況だったのかを覗《のぞ》いてみよう。

# 第2章　バブルを泳いだ総会屋の生態

# 小川薫周辺のソーカイヤ

「雨にも負けず
（風にも負けず）
インフレにも　デフレの嵐にも負けない
殺しても滅多には死なない身体を持ち
欲はないが銭は欲しく
貫禄《かんろく》はないくせに　ハッタリはあって
いつも天下を論じてる
一日にドブロク二合半と　安煙草一箱を吸い
よく見聞きし　わかり　そして　忘れずに
大都会のビルの谷間の陽の当たらぬ場所にいて
盆暮れ二回の新聞を出し
東に株主総会あれば　行ってガタガタ一席ぶち
西に増資の会社あれば　行ってその無償を請い

南に震える課長あれば　怖がらなくてもいいと言い
北に喧嘩《けんか》を売る重役あれば　あんたが損だからやめろと言い
景気のいい時は遊び
不景気の時も飯が食えて
税金などは一銭も払わず
皆に浪人と呼ばれ
褒められもせず
馬鹿にもされず
そういうものに私はなりたい」

これは、後に「総会屋を代表する人物」と称された小川薫《おがわかおる》が駆け出しの頃、若手総会屋たちの間で盛んに歌われていた「無税紳士の唄《うた》」である。

小川もよく口にしていたというが、これはお分かりのように、宮沢賢治《みやざわけんじ》の「雨ニモマケズ」の替え歌であった。

世界各地で「ザ・ソーカイヤ」と呼ばれる総会屋とは、いったい何なのか。

この章では、政界ヤクザの前段階とも言える総会屋の歴史とそのやり口を辿《たど》ってみよう。

米国の企業では株主の力が強く、最も尊重される。日本企業の場合、経営者が最も尊重され、株主総会は予定通り円滑に終了することが最良とされる。

そのため社長の業務報告が終わった後、直ちに「異議なし」と声を張り上げ、拍手喝采《かっさい》して株主総会を終わらせるのが与党総会屋の役割である。このほか、彼らは経営陣の要請を受けて社内の反対派幹部らを批判・糾弾することもある。

後述するように、一九五四（昭和二十九）年に〝乗っ取り屋〟とか、〝黒いホテル王〟と呼ばれた横井英樹が仕掛けた白木屋《しろきや》百貨店乗っ取り攻防戦には、久保《くぼ》祐三郎《ゆうさぶろう》と田《た》島《じま》将光《まさみつ》というベテランの二大総会屋が臨席し、白熱した論争が繰り広げられた。久保は城山《しろやま》三郎《さぶろう》の小説『総会屋錦城』のモデルであり、田島は伝説的な総会屋として知られていた。そして、大手企業の株主総会は彼らが仕切るケースが多かった。

そうした総会屋の勢力図を大きく塗り替えたのが、小川薫であった。

小川薫は三七（昭和十二）年八月八日、広島《ひろしま》市で生まれた。電器店を経営していた父親はバクチ好きで、小川はその影響を強く受けて、後には自らもギャンブルに打ち込んだ時期があったという。

四五（昭和二十）年八月六日、広島市に原子爆弾が投下された時、国民学校二年生だった小川は店内の奥にいて奇跡的に助かった。

五〇（昭和二十五）年四月に同市立中学に入学した小川は野球部に入り、二年生から三塁手で一番打者を務めた。

その時、捕手で六番打者だったのが、後に小川が実質的なオーナーになる芸能プロダクション「Ｔ＆Ｃ」の社長で、世にピンク・レディー旋風を巻き起こした貫泰夫《ぬきやすお》、守備要員の外野手が「Ｔ＆Ｃ」専務の加納亨一だった。

五七（昭和三十二）年三月に広島工業高校を卒業した小川は、二年後に芝浦《しばうら》工業大学に入学したが、二年で中退し、広島に帰った。

そこに弟の同級生・田《た》中正男《なかまさお》や遊び仲間が集まってきた。

その中には「仁義なき戦い」として知られる広島ヤクザ戦争を戦って生き抜き、後に日本最大の総会屋組織「論談同友会」会長に納まった正木《まさき》龍樹《たつき》がいたし、田中正男も総会屋組織「財研」を結成して小川の片腕となった。

正木は四一（昭和十六）年八月三日、軍人だった父親の赴任先である山口県岩国《いわくに》市で生まれた。五歳で広島市に転居し、中学二年からグレ始めた。

高校時代の同級生だった梶谷正幸《かじたにまさゆき》や二宮紘一《にのみやこういち》、大野崇忠《おおのたかただ》、和田高明《わだたかあき》らが、後に論談同友会の中核メンバーになる。

私立山陽《さんよう》高校を中退後に移った広島電波工業高校で、後に小川グループの中心的な人物となる田中正男と知り合う。

同工業高を再び退学となり、傷害事件を起こして特別少年院に収容される。退院後は、広島市の暴力団岡組の下部組織の一員になった。

その時に起きたのが映画『仁義なき戦い』のモデルとされた、岡組内のいざこざに端を発した内部抗争事件であった。

これについては後述しよう。

さて、小川のもとに集まってきた仲間たちの大半が彼の活躍と羽振りの良さに魅了されて次々と上京し、総会屋となって小川グループを結成した。

因《ちな》みに小川の五人兄弟中、四人が総会屋となったし、小川の妹の二人の夫も小川グループに加わっている。

また、小川の愛《まな》弟子・小池隆一《こいけりゅういち》はグループ内では珍しく広島でなく新潟出身だったが、やがて小川のもとを離れ、株の買い占めで名高かった衆院議員の糸山英太郎《いとやまえいたろう》のもとに走る。

それから十五年後の九七（平成九）年、小池は第一勧銀《だいいちかんぎん》・四大証券利益供与事件で突然、主役として登場する。何と百二十七億九千二百五十二万円もの巨額の利益供与を受けるほど大物の総会屋になっていたのだ。

小川の総会屋仲間、栗田《くりた》英男《ひでお》は一九一二（大正元）年生まれで、小川より二十五歳年上であった。旧制足利《あしかが》中学、陸軍士官学校を経て陸軍宇都宮《うつのみや》連隊に入隊。敗戦後は青年自由《せいねんじゆう》党を結成し、四七（昭和二十二）年に総選挙に立候補して当選した。

政治家としては中曽根康弘《やすひろ》、田中角栄と同期で、民主《みんしゅ》党に入党した。

当選、落選を繰り返し、五八（昭和三十三）年に落選して政界を引退したが、その後に総会屋となり、元代議士総会屋として名を馳《は》せた。

小川も栗田を「先生」と呼んで敬意を表し、どんなに忙しくても月二回は会って相談や協議を行っていた。

六三（昭和三十八）年七月、高校野球賭博《とばく》に加わり二百万円を賭《か》けて敗北した小川薫は、ヤクザの貸金取り立てを逃れて広島駅から列車に飛び乗って脱出し、急遽《きゅうきょ》上京した。

そして、東京で大学時代の知り合いから総会屋の話を聞いて興味を抱き、株主総会に片っ端から出席して経験を積み、先輩たちの芸を盗んでいったという。

その一例が六五（昭和四十）年十二月、日本航空の株主総会。同社が打ち出した大学生運賃割引制度を追及しようと待ち構えていた小川は、同社総務部と、右翼の大立者・児玉誉士夫の息の掛かった西山廣喜《にしやまこうき》や上森子《かみもりし》鉄《てつ》ら錚々《そうそう》たるメンバーの与党総会屋たちに阻止された。

しかし、「学生だけを特別扱いするのは不平等でおかしい」という彼の意見は、後に会社側に採用され、十二歳以上二十二歳未満の者ならば誰でも利用出来る割引運賃制度・スカイメイトとして実った。

### オールスターで大荒れの日本通運総会

一九六八（昭和四十三）年五月三十日、日本通運《にっぽんつううん》の株主総会には小川や栗田のほかに大物総会屋が続々と詰めかけた。

与党総会屋として一手に牛耳っていた重鎮の久保祐三郎が五月五日に亡くなったため、もう一人の大物総会屋・田島将光をはじめ、久保の弟子・谷口勝一《たにぐちしょういち》、その弟子の嶋崎栄治《しまざきえいじ》、その流れを汲《く》む理論派・藤江三郎《ふじえさぶろう》、女総会屋・平《たいら》あさ子《こ》ら錚々たるメンバーが集まり、まさに総会屋のオールスター戦の様相を呈していた。

三カ月後の臨時株主総会を含めて総会は深夜まで延々と行われ、与党総会屋として映画雑誌『キネマ旬報』オーナーでもあった上森子鉄が参戦し、流血騒ぎに発展するほど白熱化したが、小川・栗田組が勝利した。

ところで、その頃、地元広島の暴力団岡組の岡敏夫《おかとしお》組長は健康状態が優れず、病気引退が囁《ささや》かれていた。その跡目を自他ともに認めていた舎弟の打越信夫《うちこしのぶお》は、岡組長に無断で山口組大幹部の安原政雄《やすはらまさお》と兄弟分となった。

しかも、その打越率いる打越会の幹部らとともに山口組九州侵攻作戦に乗じて勝手に福岡に乗り込んだメンバーの中に正木がいて、九州で正木はほかのメンバーと共に凶器準備集合容疑で逮捕されてしまった。

こうした身勝手な行動を知って激怒した岡組長は跡目を打越ではなく、広島県呉《くれ》市で山村組を率いていた山村辰雄《やまむらたつお》に譲った。その結果、山村組は二百二十人の大組織となり、一気に広島の地盤を固めたのだ。

この出来事で発生した山村組と打越会の抗争は長い間続くことになった。山村組が神戸《こうべ》市の本多会と連携すれば、打越会を支援する山口組は約一千五百人もの軍団を広島入りさせるなど、山村組＝本多会対打越会＝山口組による派手やかな「代理戦争」が勃発《ぼっぱつ》したのだ。

一方、出所した正木は広島に居場所がなくなり、田中らの誘いに乗って上京した。田中らはその頃、暴力団住吉会系の大日本興行に入っていて、それぞれ幹部級の舎弟になっていた。

小川薫の妹婿である玉田《たまだ》大成《たいせい》は一九四二（昭和十七）年五月十一日、広島市で生まれた。小川よりは五歳年下で近所に住んでいた。頭が良く、ボクシングもウエルター級全日本高校選手権大会で四位になるなど強かった。
早稲田《わせだ》大商学部を卒業し地元の東洋《とうよう》工業（現・マツダ）に入社。小川の妹（長女）と結婚して、小川や彼の父親の頼みで上京し、小川を手伝ったり、ボディガード役を務めたりした。高田《たかだ》光司《こうじ》、小林泰輔《こばやしたいすけ》らバーテンダーグループと呼ばれた面々も小川の周囲にいた。

六八（昭和四十三）年春、その玉田の自宅を訪ね、弟子入りを志願した丸坊主の青年が小池隆一だった。

小池は四三（昭和十八）年、新潟県の織物問屋の次男として生まれる。

県立高校を中退後、地元のテキ屋集団に身を寄せ、傷害、恐喝で約二年間にわたり収監され、出所したばかりであった。

小池は刑務所内で経済誌を読み漁《あさ》り、小川の名前を知って憧《あこが》れた、と後に知人に話している。

小川はその頃、無断で強引にカネ集めをしたとして仲間の高田を破門するなど組織内のゴタゴタを引き締める一方で、次々とほかの総会屋グループに手を伸ばして吸収し積極的に勢力拡大を図ったため、業界でその名は轟《とどろ》き、警視庁からも徹底マークされるなど、少しずつ大物総会屋の道を歩み始めていた。

七一（昭和四十六）年十一月三十日、王子《おうじ》製紙の株主総会で暴力団松葉会系幹部を用心棒として引き連れた副幹事役の嶋崎栄治が激しく暴れ、小川グループの面々との間で大乱闘になった。

警視庁捜査四課は十二月三日、小川事務所を家宅捜索し、玉田と〝殺し屋の兄ィ〟こと丸本《まるもと》一幸《かずゆき》、小池隆一の三人を暴力行為容疑などで逮捕し、嶋崎側でも用心棒役の松葉会系幹部三人を逮捕した。

だが、玉田らは小川の関与・指示を頑として認めず、とうとう小川は拘束されずに切り抜けた。

そのため、小川はこの後、堂々と同社の幹事役に就任し、彼を取り巻く広島グループも三十五人のメンバーが集まるなど急成長を遂げたのだ。

七五（昭和五十）年暮れ、東京都千代田《ちよだ》区のホテルで開かれた小川が経営する会社の創立十五周年記念パーティーには何と、企業側から後に社長になる東京《とうきょう》電力の庶務課長、後に石川島播磨《いしかわじまはりま》重工業副社長となった庶務課長、後に社長になる三菱地所《みつびしじしょ》の庶務課長らが出席するなど、将来有望なエリートたちが勢揃いした。

ほかに、応援していた地元のプロ野球球団・広島カープの花形選手や芸能人らも駆けつけるなど華やかなパーティーとなった。

もちろん闇社会からも大勢集まり、地元・広島最大の暴力団、共政会三代目会長の山田久《やまだひさし》、国粋会生井一家総長の八木沢由雄《やぎさわよしお》、山口組大幹部の佐々木道雄《ささきみちお》と白神英雄《しらかみひでお》、右翼活動家からは大物・児玉誉士夫の弟分である岡村吾一《おかむらごいち》の息子、倉林公夫《くらばやしきみお》ら物々しいメンバーが顔を揃えた。

一方、正木は論談同友会会長として活躍するとともに、三年半発刊し続けた機関紙を廃刊し、七三（昭和四十八）年五月から『政経論談』を刊行することになった。

七五（昭和五十）年五月、論談同友会は東京都渋谷《しぶや》区の中心街に建つビルの中に事務所を構えた。

正木は論談同友会の構成メンバーをＡからＤの四ランクに分け、業績を上げたメンバーは次々とランクアップさせるなどして競わせ、急成長を遂げた。仲間は三十人から最大五十人に増えた。

小川がどちらかと言うとプロの総会屋に徹したのに対し、正木は総会屋以外の世界に進もうとしていた。

正木の後ろ楯《だて》だった住吉会系大日本興行初代会長で「銀座《ぎんざ》警察」と呼ばれ、〝切れ者ヤクザ〟として知られた高橋輝男《たかはしてるお》と、その弟で二代目会長の高橋伸治《のぶはる》も、そんな正木を支援し彼にはより広い世界での活躍を望んでいたという。

当初は日本郵船《にっぽんゆうせん》、日本通運、日本航空など交通・運輸業界をはじめ、王子製紙、トリオなどさまざまな業界の企業株主総会を荒し回るなど、総会屋一本で活躍してきた小川だったが、やがて時代の流れを察知したのか、別の仕事にも手を伸ばし始めた。

そして、そうした〝副業〟から次々とカネを引っ張ってきては湯水の如《ごと》く株式相場などに投資した。

その一つが、中学校の同級生で同じ野球部で捕手を務めた貫泰夫に経営させた芸能プロダクション「Ｔ＆Ｃ」であり、そこで大手芸能プロダクションと組んで最も力を入れたのが大型新人歌手「ピンク・レディー」の売り出しだった。

小川の指示で社員全員がレコードを売り歩くなど一丸となって活動したこともあって、「ピンク・レディー」のレコードは爆発的にヒットし、二人は人気者となって、七七（昭和五十二）年にレコード大賞大衆賞、七八年にレコード大賞を獲得したのをはじめ、レコード・写真集の販売やテレビ出演料などすべて合わせて四百億円を突破する売り上げを記録するなど大成功を収めた。

## 小川の廃業宣言で世代交代

しかし、小川の意識の中では、本業はあくまで総会屋であった。

小川や正木をはじめ当時の主な総会屋たちは、雑誌を発行している情報屋タイプと言っていい。雑誌に賛助広告の名目で広告費を出させるやり方で、雑誌の内容的には今一つのものが多いが、中には冤罪《えんざい》事件やマスコミ対策などを報じ、好評を博する雑誌もあった。

論客として知られる証券マン出身の総会屋・藤江三郎は月刊『創』を、木島力也《きじまりきや》は新左翼系の理論誌『現代の眼』を出していた。

御《み》喜《き》家《や》康正《やすまさ》が出す月刊『新評』では当時、どの出版社も出来なかった我が国最大のいた。

宗教団体・創価《そうか》学会《がっかい》の批判を行い、藤原弘達《ふじわらひろたつ》のコラム「創価学会を斬る」を連載していた。

また、児玉誉士夫系の右翼、倉林公夫は『流動』を出し、そこでは、日本の戦後を牽引《けんいん》してきた首相・吉田茂《よしだしげる》を中心にして戦後保守政治を描いた戸《と》川《がわ》猪《い》佐《さ》武《む》『小説吉田学校』を連載していた。総会屋はこの頃まさに、日本の政財界の心臓部にまで食い込む勢いと底力を見せていたことになり、政界ヤクザの一つとして発展していく。

このほか、小川は一九七七（昭和五十二）年六月二十七日夜、東京・赤坂《あかさか》の料亭で女性解放運動のリーダーとして脚光を浴びていた「中絶禁止法に反対しピル解禁を要求する女性解放連合」（略称「中ピ連」）代表の榎《えのき》美《み》沙《さ》子《こ》と面会。日本航空の株主総会で「中ピ連」が三分間、発言出来るように根回ししたこともある。

このように、小川に対しては「幅広い分野で暗躍する男」という評価が定着し始めていた。

ところが小川は七九（昭和五十四）年十一月十六日、警視庁捜査四課に恐喝容疑で逮捕されてしまった。

日本航空の関連会社である東京空港サービスに関するスキャンダル記事を押さえるため五百万円を受け取り、記事を執筆したルポライターらに渡したのだが、依頼主の東京空港サービス社長と日本航空総務部長に裏切られ、まるで恐喝者の如く訴えられたのだ。

　これは後で分かったことだが、裏切った総務部長の背後には、日本航空グループの乗っ取りを企《たくら》む政商・小佐野賢治の影がチラついていた。

　同年十二月に保釈された小川は、政商の登場によって総会屋人生に区切りを付ける時が来たことを痛感した。八二（昭和五十七）年の商法改正で総会屋稼業がやりにくくなることが必定であったこともあり、八一（昭和五十六）年九月、総会屋廃業宣言を出した。

　この時、警察庁が把握していた全国の総会屋は約五百団体、構成メンバー数は六千三百九十人だった。

　小川によると、小池隆一は、『現代の眼』を出していた木島力也だけでなく、上森子鉄とも繋《つな》がっていたという。そのため、小池は野村證券《のむらしょうけん》との関係も深くなり、後の一大証券スキャンダルに繋がっていく。

野村證券はもともと上森が面倒を見ていたが、彼の晩年、小川が取って代わったとされる。ところが上森は小川がなかなか言うことをきかないので次第に離れて行き、逆に小池を可愛がったという。

そのため、八九（平成元）年八月に上森が死ぬと、小池が特別顧客台帳を受け継いだ。

正木によれば、小池はほぼ同じ時期に児玉誉士夫系の岡村吾一にも可愛がられており、小池のネットワーク構築に向けた用意周到ぶりが窺《うかが》われる。

玉田大成によると、小池の性格は真面目、吝嗇《けち》、堅物、用意周到に加えて先見性があったという。

八二（昭和五十七）年十月一日の商法改正によって端株株主の総会への入場は違法となり、大多数の総会屋は苦しくなった。ところが、小池は事前に一千株以上の株を仕込み、堂々と総会に入っていったことからも、その性格が窺われる。

ただ、小池はこの時既に、商法改正によって総会屋の時代は終わったと見ており、小川に頼んで代議士の糸山英太郎の私設秘書に転身を図っていた。

糸山は買い占めの仕手筋として名を馳《は》せており、仕手戦で何百億も動かしていた男で、小池は自分では株取引をやらないが、糸山軍団の株の指南役に就任した。

## 急成長した論談同友会

一方、正木の論談同友会は、一九七〇年代から噂のあった三越《みつこし》社長の岡田茂《おかだしげる》のワンマン経営ぶりや、「女帝」と呼ばれた竹久《たけひさ》みちとの歪《ゆが》んだ取引関係に着目した。

三越は、竹久のオリジナルブランドの婦人服や東南アジアで製造されたアクセサリー類を大量に仕入れて膨大な不良在庫を抱えていたうえ、竹久がほかの事業活動や人事にまで口を挟むようになっていた。そんな実態について、岡田・竹久体制に対する批判グループから貴重な内部資料を伴った綿密な内部告発を受け、調査に乗り出したのだ。

岡田は社内に秘密スパイ部隊を配置し、批判・不満を抱く者には報復人事を断行するなど、カネと人脈を駆使して岡田批判グループを悉《ことごと》く葬り去っており、三越内部は恐怖統治されていた。

こうした実態に対し、正木は八二（昭和五十七）年二月、四十数人の仲間とともに株付けを行い、一万株以上の株主を中心に「三越を守る会」の名前で反対運動の趣意書や告発文書を郵送するなど、岡田・竹久体制打倒に向けての戦いを本格化した。

竹久が購入した商品に絡む店内在庫の極秘資料を入手し、三越を支援していた三井《みつい》グループの会長や社長らに郵送したほか、公正取引委員会委員長の橋口収《はしぐちおさむ》に上申書を提出するなどした。

また、論談同友会は調査班を香港に派遣し、《メイド・イン・フランス》と称していた竹久の商品が、実はシールにそう書いてあるだけで、布地は日本製、縫製は香港で行われていたことや、岡田が全く関係していないと言っていた香港の子会社「オーキッド・ファッション（香蘭時装有限公司）」に役員として関わっていたことなどを突き止めた。

こうした論談同友会の行動が三越の岡田社長退陣の引き金を引いた、と言っていいだろう。

論談同友会は翌八三（昭和五十八）年三月には、東証一部に上場する電極炭素メーカー・日本《にっぽん》カーボンの株主総会を仕切り、同社専務で子会社の日本カーボン産業社長の田中淳一《たなかじゅんいち》が金融ブローカーと組み、総額七十八億円に上る日本カーボン産業の手形を乱発するなど裏金作りをしていた事実を突き止めて追及した。

論談同友会は田中の解任を求め、社長の責任を追及するとともに、調査結果と証拠書類を警視庁捜査二課に提出した。田中は四月、日本カーボン専務と日本カーボン産業社長を解任されたうえ、二ヵ月後には特別背任容疑で警視庁捜査二課に逮捕されたのである。

田中は商法違反（特別背任罪）に問われ、初犯にもかかわらず、八五（昭和六十）年三月、東京地裁で懲役三年の実刑判決を受けた。

大手企業の役員が総会屋の追及がもとで一気に逮捕され、実刑を受けたのは初めてで、企業や世間では「論談同友会、恐るべし」との評価が定着した。

さらに、論談同友会は商法改正後の八四（昭和五十九）年一月に開かれたソニーの株主総会も主導し、深夜に及ぶ十三時間半の総会を仕切った。

こうした実態を踏まえて、企業側は総会屋にはきちんと対応しなければならないと考えるようになったのだ。

そんな中、東京地検特捜部は同年六月十五日、論談同友会会長の正木ら総会屋六人と伊勢丹《いせたん》の秘書室長を商法違反（利益供与罪）で東京簡裁に略式起訴した。商法改正後の第一号適用であった。

そして、東京簡裁は、正木と伊勢丹秘書室長に罰金各二十万円、ほかの総会屋五人にそれぞれ罰金十五万円の略式命令を出した。

実は、論談同友会と伊勢丹の密談には、伊勢丹の副社長と専務も出席していたが、刑事訴追は受けなかった。これで検察上層部は企業トップに貸しを作った形となったが、論談同友会にとっても大きな宣伝になった。

ただ、この後も新商法下で暴れ続ける論談同友会からは、逮捕者が続出した。

主な逮捕例を見てみよう。

①愛知県警捜査四課は、名古屋《なごや》市西《にし》区の大手陶磁器メーカー・ノリタケカンパニーリミテッドの商法違反事件で、論談同友会幹事の佐藤和義《さとうかずよし》を逮捕した。

調べでは、佐藤は八四（昭和五十九）年頃からノリタケに接触し、「対応の悪い企業には長時間総会を仕掛ける」などと総務担当者を脅し、八五（昭和六十）年の株主総会を混乱させなかった謝礼として同年七月、百数十万円を受け取った疑い。

佐藤は翌八六（昭和六十一）年の株主総会でも同社の総務担当者に接触した。

②警視庁捜査四課は八七（昭和六十二）年四月、損保業界大手の住友《すみとも》海上火災保険の株主総会を早く終わらせようと総務部長から対策費など計二百万円を受け取ったとして論談同友会常務理事の二宮紘一を逮捕した。

③福岡県警捜査四課は八七（昭和六十二）年五月、大手写真機材メーカー・小西六《こにしろく》写

真工業（現・コニカミノルタ）の株主総会が円滑に運んだ謝礼など現金十万円から三十万円を受け取ったとして論談同友会会長の正木龍樹ら二人を逮捕した。

④警視庁捜査四課は九二（平成四）年十月、同年七月に東証一部上場の大手スーパー・イトーヨーカ堂《どう》から株主総会が平穏に行われた謝礼・約一千三百万円を受け取ったとして論談同友会幹事の森田《もりた》和彦《かずひこ》を逮捕した。

この事件では六、七年前から暴力団住吉会系の総会屋「青嵐グループ」幹部にも総額一億数千万円の現金が渡されていたことが判明している。

イトーヨーカ堂が実質的な創業社長の夫人から融資を受けた形で会社ぐるみの裏金作りを行っており、利益で業界トップに育てた創業社長の伊《い》藤《とう》雅俊《まさとし》は引責辞任した。改正商法施行から十年経ち、摘発された企業のトップが辞任に追い込まれたのは初めてだった。

⑤警視庁捜査四課は九三（平成五）年七月、キリンビールの株主総会を平穏に終わらせる見返りで総額三千三百三十万円の利益供与を受けていたとして論談同友会専務理事の梶谷正幸ら総会屋九人を逮捕した。

この事件で梶谷はダントツに多い一千三百六十万円の利益供与を受けており、同社の総会屋対策の裏顧問をしていたことが分かった。八三（昭和五十八）年三月の株主総会でほかの総会屋による長時間の総会を経験した同社が導入したもので、これ以降、有名企業が特定の大手総会屋に株主総会対策を仕切らせるという腐敗の構図が浮き彫りになり、定着した感があった。

このほか論談同友会は「全日空の法皇」と呼ばれた全日空名誉会長の若狭《わかさ》得治《とくじ》に接近し、九一（平成三）年九月には若狭をはじめ元国鉄《こくてつ》総裁で全日空会長の杉浦喬也《すぎうらたかや》、同社長、副社長、専務ら同社の首脳一同、そして、若狭の秘蔵っ子で社長候補だった舟津《ふなつ》良行《よしゆき》まで出席し、都内のホテル内の和食店で正木ら論談同友会員十人と会食している姿が写真週刊誌に掲載され、世間の批判を浴びた。

## 野村證券事件の主役は

総会屋の世界から既に引退したと見られていた小池隆一が突然、一連の金融・証券スキャンダルの主役として華々しくカムバックした。

一九九六（平成八）年十二月三十一日付朝日《あさひ》新聞の記事を受け、野村證券は翌九七（平成九）年三月六日に記者会見した。

　そして、株式担当常務が総務担当常務の要請に応じ、九五（平成七）年三月に野村證券が富士《ふじ》銀行株を自己売買した際、小池隆一の総会屋親族企業に一日で約四千万円の利益をもたらすなど計五件の取引で利益供与したことを認めた。

　野村證券は九七（平成九）年三月十日、株式、総務担当の両常務を退任させたが、事態はトカゲの尻尾《しっぽ》切りでは収まらず、十四日に酒巻英雄《さかまきひでお》社長が引責辞任し、「大田《た》淵《ぶち》」「小田淵」と呼ばれた田淵節也《せつや》、田淵義久《よしひさ》両相談役も退任した。

　東京地検特捜部と証券取引等監視委員会は同月二十五日、証券取引法並びに商法違反で野村證券に強制捜査に入った。

　小池は小川薫の支援で野村證券に出入りするようになり、七〇（昭和四十五）年に野村證券の株式二株を取得して以降、株主として野村に好意的な立場を取ってきた。だが、一時停止していた野村證券に対する活動を再開した八四（昭和五十九）年の株主総会からは敵対する行動に出た。

　野村證券は当初、株主総会を仕切っていた大物総会屋の木島力也に対し、敵対する小池の質問状を撤回させるように依頼して成功した。しかし、その見返りとして八五（昭和六十）年春から、小池に新規発行の転換社債を配分するなどの方法で利益供与を行うようになった。

木島は野村證券の役員たちはもとより、第一勧銀の歴代トップと親交があり、小池は木島が死去した九三（平成五）年まで木島と行動をともにすることが多かった。それから小池は上森子鉄らのもとに出入りするようになったのだ。

小池が曲がりなりにも、野村證券の株主総会を仕切るようになったのは八九（平成元）年で、同年二月には木島の斡旋《あっせん》で第一勧銀から株取引資金の融資を受けていた。そのうえ、実弟が経営する株式会社「小甚《こじん》ビルディング」の名義で、野村證券を含む証券四社の株式を各三十万株取得し、各社に対して商法上の株主提案権を行使しうる株数を確保した。

小池は知人に「四大証券の株を大量取得することや、その資金を第一勧銀から引き出すことも、木島の発案だった」と漏らしている。

証券スキャンダルが最初に浮き彫りになったのは九一（平成三）年六月。野村證券の小田淵・田淵義久が引責辞任し、酒巻英雄が社長に就任した。

小池は九二（平成四）年三月、野村證券に対して証券不祥事の責任を問い、酒巻英雄を含めた役員十人の解任を要求する株主提案権行使の書面を送りつけた。

酒巻は同年五月、水面下で小池と面談して、株主総会の円滑な遂行への協力を取り付けた。その際、小池は酒巻に対して、「口座の運用がうまくいっていないようですね。儲《もう》けさせて下さいよ」などと言い、質問状撤回の見返りに小池の口座の取引によって利益を提供することを依頼した。

酒巻は明言は避けたが、事実上継続的に利益を提供する約束をした。

ところが、株式相場の長期的な低迷で、九三（平成五）年初めまでには多額の評価損を抱えるようになっていった。激怒した小池は取引名義を「小甚ビルディング」という法人名義にして運用資金の規模を大きくしたうえ、株主提案権を行使するとの書面を送りつけた。

野村證券は自己売買担当役員が一任的に株取引を行い、あたかも「小甚ビルディング」から注文を受けたように形を整えて、約二億五千万円の利益を上げた。小池はこれに満足して、九三（平成五）年四月に書面を撤回した。

## 打ち出の小槌の銀行

一方、第一勧銀では一九八八（昭和六十三）年三月、麹町《こうじまち》支店の不正融資事件が発覚した。そして、同年六月の株主総会が紛糾することが予想されたため、総務部が総会屋業界の黒幕的存在とされた木島力也を通じて、小池に対して総会を短時間で終了させるように協力を依頼した。

小池は自ら主宰する「株価研究会」のメンバー十数人を動員し、ほかの総会屋たちを説得して総会を一時間で終了させた。これをきっかけに小池は毎年、株主総会の議事進行に協力するなど与党総会屋の地歩を固めた。

小池は以後、第一勧銀から資金提供を受けて証券取引を行うようになった。実際、九一（平成三）年七月までの間に四十五回にわたり、延べ百三十六億六千万円に及ぶ融資を受けている。

また、野村證券をはじめ各証券会社に株式会社「小甚ビルディング」名義で口座を開き、その口座に新規発行の転換社債や新規公開株式の優先的な配分を受けるように仕向けた。

そうした購入資金を獲得するため、小池は「小甚ビルディング」名義で第一勧銀から融資を受けることを計画していた。

そして、八七（昭和六十二）年二月に富士通《ふじつう》ビジネスシステム株購入資金として、購入した株をそのまま担保に入れる「持込担保」の形態で、第一勧銀六本木《ろっぽんぎ》支店から一億四千万円の融資を受けたのを皮切りに、その後、八八年までの間に、同支店から六回にわたり「小甚ビルディング」名義で延べ四十八億四千万円の融資を受け、証券取引資金に充ててきた。

さらに八九（平成元）年一月、証券四社の各三十万株の購入資金として「小甚ビルディング」名義で三十一億六千万円の融資を得た。

この頃、小池は木島と共に、不動産・ホテル観光業などを展開する株式会社「ライベックス」の資金調達に協力して利益を上げようと考えた。

小池は九〇（平成二）年八月、第一勧銀に対して、自分のライベックス牧丘《まきおか》カントリークラブのゴルフ場開発事業への参画資金として、ライベックス発行の会員資格保証金証書三百口を担保に四十五億円の融資を申し込んだ。

しかし、保証金証書はゴルフ場完成までは担保価値がないものであり、第一勧銀から「小甚ビルディング」宛て融資の担保割れ状態を解消しない限り、新規融資は困難であり、仮に担保割れが解消しても、融資可能な金額は三十億円が精々である」と拒否された。

そこに木島が介入して折衝した結果、第一勧銀新宿西口支店は担保割れ解消資金二十五億円をライベックスを通じて小池に追加融資することになり、同年九月、実施に至った。

それらの資金で担保割れ状態を大幅に改善した小池は同年十月、実弟名義で十五億七千万円の融資を受け、さらに十一月には第一勧銀からノンバンクの大和《やまと》信用を介する迂《う》回《かい》融資の形で「小甚ビルディング」名義で十六億円余の融資を受けている。

だが、ゴルフ場開発は暗礁に乗り上げた。

同社総務部では迂回融資に際して、ゴルフ場開発が進捗《しんちょく》しない場合には大和信用に対し実質的な債務保証を約束していた。そのため、小池は九一（平成三）年十一月、第一勧銀六本木支店から「小甚ビルディング」宛てに十六億六千万円の融資を受け、大和信用からの借入金を全額返済した。

さらに九二（平成四）年一月にも同六本木支店から小池名義宛てに二十五億円の融資が行われ、同新宿西口支店に対する借入金の返済に充てた。このため「小甚ビルディング」名義の融資は、またもや多額の担保割れとなってしまった。

同年五月、野村證券社長の酒巻英雄から巧みに、自分の口座に継続的に利益を提供する約束を取り付けた小池は同年七月、第一勧銀に対して「酒巻社長と会って、しっかりと儲けさせてくれることになった。『小甚ビルディング』名義で必要なだけ株式購入資金を融資してもらいたい。儲けが出たら借入金の利息の支払いに充てる」などと言って継続的な融資の実行を求めた。

しかし、小池に対する第一勧銀の融資は既に、貸出残高が約九十億円に達していて約六十億円の担保割れを起こしており、返済も延納していたため、とても追加融資出来る状態ではなかった。

追加融資を断られた小池は、窮余の一策として大物総会屋の木島に第一勧銀上層部への口添えを依頼した。

木島は同年九月、東京・築地《つきじ》の料亭で第一勧銀会長の宮崎《みやざき》邦次《くにじ》、頭取の奥田《おくだ》正司《ただし》と会談し、小池への融資の約束を取り付けた。

もっとも第一勧銀側は小池に直接融資することが難しかったため、苦肉の策として資金を後楽園《こうらくえん》ファイナンスを通じて大和信用にバックファイナンスし、最終的に大和信用から「小甚ビルディング」に迂回融資する方法を編み出した。

これで小池は九三（平成五）年五月から九六（平成八）年九月までの間に、八十六回にわたり二百七億九千万円余に及ぶ融資を受けた。

「小池を怒らせると、総会で何をしてくるか分からない」

との評価が野村だけでなく、大和《だいわ》、日興《にっこう》、山一《やまいち》の四大証券すべてに響き渡り、小池は四大証券に大量の質問状を送っては経営陣を揺さぶり、それを撤回する見返りに利益供与を受ける方法で存在感を増していったのだ。

小池は九五（平成七）年一月から同年十二月までの間に、大和証券から付け替えなどの方法で「小甚ビルディング」名義の口座に計五千九百九十六万五千五百四円の、知人名義の口座に計一億四千二百八十二万九千六百四十七円に上る多額の利益供与を受けた。

ほぼ同時期、同様の方法で日興証券からは十一回にわたり計一千四百九万六千五百六十円の利益供与を受けた。

また山一証券からは、九四（平成六）年十二月から九五年一月までの間に三十二回にわたり、同様の方法で「小甚ビルディング」名義の口座に計一億七百万六千五百三十八円の利益供与を受けている。

## 強制捜査に着手する

野村證券は九七（平成九）年三月六日、ついに「小甚ビルディング」に違法な利益供与を行っていたことを認めざるを得なくなり、酒巻英雄社長ら三人の役員の辞任を発表した。

東京地検特捜部と証券取引等監視委員会は同月二十六日、この野村證券による総会屋の親族企業に対する利益供与事件で、「株価研究会」元代表の小池隆一の関係箇所を捜索し、五月十五日に小池隆一と実弟を逮捕するなど本格的な強制捜査に乗り出した。

また、東京地検特捜部は翌十六日、証券取引法違反（損失補填《ほてん》）と商法違反（利益供与）の容疑で、野村證券の「大田淵、小田淵」こと田淵節也元会長、田淵義久元社長の自宅を捜索し、野村證券側の強制捜査にも着手した。

マスコミが連日、この事件の強制捜査を大々的に報じたため、野村證券や第一勧銀のトップたちも記者会見を開くなどして総会屋との関係や脆弱《ぜいじゃく》な経営体質を認めざるを得なかった。

この時、第一勧銀の近藤《こんどう》頭取の口から出た「呪縛《じゅばく》」という言葉が世間に浸透し、後に小説や映画のタイトルにも使われるようになる。

「今回の事件の原因は、長い歴史にわたる澱《おり》から決別出来なかった経営体質にある。問題になった融資の発端は、（合併して）第一勧銀が誕生して以来、木島力也社長と経営トップの親密な交流ぶりが行内に伝承され、自由な判断を失ってしまった結果、木島社長の依頼を断り切れなかったことにある。木島社長の呪縛が解けなかったということです」

とは、五月二十三日に開かれた第一勧銀の近藤頭取の記者会見での発言だ。

また同行の歴代頭取、会長たちも、マスコミの取材攻勢に対して次々と重い口を開いた。

「ビジネスという一線を守っているつもりでも総会屋にはいつの間にか付け込まれ、取り込まれてしまった」（一九七六〜八二年の頭取）

「大口預金者として木島社長に会った。銀行は古い部分を残しており、普通の企業に近づかなくてはならない」（八二〜八八年の会長）

「木島社長は得体の知れない人間で不気味な存在だった。関係を持つと、どうなるか分からない」（八二〜八八年の頭取）

「総務部と審査部のやり取りを上が知らないという企業風土を許した責任は、歴代トップにある」（八八〜九二年の会長）

「総会屋側への融資が社会に与えた影響は甚大で、辞任で責任を果たせたとは思っていない」（九二〜九六年の頭取）

野村證券と第一勧銀の新旧首脳は九七（平成九）年五月、参院予算委員会で総会屋利益供与事件に関して参考人質疑を受けた。

野村證券社長の酒巻英雄は、小池との繋《つな》がりについてこう語った。

「七〇（昭和四十五）年からの株主なので一回挨拶《あいさつ》して欲しいと役員から言われ、九二（平成四）年春頃、社長になってから一回だけ短時間挨拶しただけである。それ以外のことはよく知らない」

第一勧銀会長だった宮崎邦次もこう答えた。

「歴代トップと木島社長が付き合っていたのは事実で、社長は当行の大口預金者でもあり、私はオープンに付き合わせて頂いた。社長は昔、総会屋活動的なことをやっていたと聞いているが、昭和四〇年代に足を洗ったと聞いており、何か依頼されたりしたことはない」

彼ら企業トップが木島を恐れたのは、その背後に黒幕として児玉誉士夫や国際興業《こくさいこうぎょう》グループの小佐野賢治らが控えていたからだという。

東京地検特捜部は九七（平成九）年六月二十七、二十八両日、第一勧銀の宮崎邦次前相談役と奥田正司前会長から参考人として事情聴取した。

二日間に及ぶ聴取は、昼過ぎから午後九時頃まで都内の検察関連施設で行われ、二十九日も午後から聴取予定だった。

宮崎は二十八日午後一時半から九時間にわたって事情聴取を受けた後、宿泊していたホテルで弁護士に聴取内容を説明した。そして、二十九日午前零時過ぎに一週間ぶりに自宅に帰った。

「疲れた、記憶にないことをいろいろと聞かれ、困った」

宮崎は付き添った第一勧銀関係者にそう漏らし、小池への不正融資に関与していないと否定したという。

そして、宮崎は翌二十九日午前八時半頃、自宅二階の書斎で、書棚にビニール紐《ひも》を掛けて首を吊《つ》っているのを夫人が発見。病院の集中治療室で治療を受けたが、意識が戻らないまま死亡した。

室内からは第一勧銀の奥田正司前会長、近藤克彦《かつひこ》前頭取、杉田《すぎた》力之《かつゆき》頭取の銀行関係者三人と家族、弁護士に宛てた、謝罪と今後の銀行への期待などを綴《つづ》った遺書が見つかった。

宮崎の自殺を知った小池は相当なショックを受けたといい、直ぐさま総会屋の廃業を宣言した。

「元会長の生命を奪ったことで、この稼業がつくづく嫌になった。総会屋・小池隆一は、宮崎元会長とともに死にました」

宮崎自殺から半月後の事情聴取に、小池はそう語っている。

その小池に対する判決公判は九九（平成十一）年四月、東京地裁で開かれ、求刑通り懲役九ヵ月、追徴金約六億九千三百六十万円の実刑判決が言い渡された。

小池は控訴せずに判決が確定した。そして出所後、小池は鹿児島県内にある妻の実家に引き籠《こ》もり、二度と表舞台には姿を現さなかった。

## 商法改正で総会屋の衰亡

第一勧銀と総会屋の癒着関係は、小池だけではなかった。

もう一本の〝黒いパイプ〟が論談同友会の正木龍樹であった。

正木らは第一勧銀の歴代の頭取、会長らと定期的に、一流ホテルの料理人が拵《こしら》えたフランス料理を食べており、九七（平成九）年七月、その定例食事会が十年以上続いていることが発覚。正木が長年にわたり第一勧銀から融資を受けていたことも明るみに出た。

当時の新聞記事には、こう書かれてあった。

《第一勧業銀行による総会屋の小池隆一容疑者（五四）への利益供与事件で、逮捕された元トップの奥田正司前会長（六五）を含む同行の会長や頭取ら幹部が、総会屋グループ最大手の『論談同友会』のメンバーと、毎年六月の株主総会シーズンに食事会を第一勧銀本店内で十年以上にわたって開いていたことが、捜査当局や関係者の話で分かった。第一勧銀をめぐっては、小池容疑者へ約百十七億円の融資を行っていたとして副頭取ら十一人が逮捕されているが、食事会という日常的な癒着も改めて明らかになった……》

《関係者によると、食事会は毎年六月の株主総会シーズン前後に、第一勧銀本店内の食堂で開かれていた。論談同友会のメンバーらへのもてなしには、一流料亭の板前や一流レストランのシェフが招かれ、一人当たり数万円相当の豪華料理が提供された。第一勧銀側からは、会長や相談役、頭取ら最高幹部と総務担当者が出席。事件を苦に自殺した宮崎邦次元相談役（六七）や、この日逮捕された奥田前会長も現職当時は出席していた……》

《第一勧銀の最高幹部らの出席は『引き継ぎ事項』とされ、毎年、双方で十五人前後が参加した。食事会は、八二（昭和五十七）年に商法が改正されて総会屋らへ現金を提供する利益供与が禁じられたため、第一勧銀側から論談同友会に対して、『（法律に触れない）定期的な会食で』との申し入れで始まり、既に十年以上になると言われて

いる……》

論談同友会が株付けした企業は東証一部上場企業を中心に約八百社に上り、多額の株購入資金をどのようにして調達したのかがそれまで疑問視されてきた。ところが、第一勧銀が小池隆一に留《とど》まらず、正木龍樹率いる論談同友会側にも巨額の融資を行っていたことが判明し、その謎が解明されたことになる。

論談同友会側への融資は二種類（二口）あった。

一つは論談同友会幹部の親族名義で行われ、約十年前から始まったもの。小池の場合と同様に総務部案件で、歴代総務担当の重要な引き継ぎ事項になっていた。

第一勧銀は八六（昭和六十一）年三月、年利五パーセントで返済期日は同年九月、返済が遅れた時は融資金に対し年一四パーセントの損害金を支払う契約で、論談同友会に三億円を融資した。

もう一つは、第一勧銀が八九（平成元）年に論談同友会に融資した七億九千万円である。担保として正木会長らが保有していた金融機関やメーカーなどの株券（当時の株価で七億九千万円相当）が提供され、融資金額に見合う担保価値があった。

しかし、バブル崩壊などで九七（平成九）年には担保価値が半分まで目減りしていたという。が、論談同友会側から追加担保の提供はされておらず、第一勧銀側もそれ以上の追加担保を要求していなかった。

融資の金利は当初の八九年には七億九千万円の融資に見合うだけの利率が設定されていたが、その後、両者の交渉で引き下げられ、九七年には何と、三パーセント未満になっていた。そのため融資は返済途中にあり、論談同友会への第一勧銀の融資残高は三億円程度になっていた。

正木は後に、当時を振り返ってこう語った。

「小池が起こした第一勧銀・四大証券利益供与事件は総会屋にとって致命的であり、企業との裏の繋《つな》がりも断ち切られた。企業の防衛は一段と強くなり、総会屋が株主総会に出席すると、警察の情報操作でマスコミは大きく取り上げる。総会屋の収入はほとんどなくなってしまった」

正木の話によれば、実は、彼は野村證券に五億円を預けており、野村證券側は当方が絶対に損しないように儲《もう》けさせてくれたという。

ほかに大和証券、日興証券など三社に五億円を預け、〝裏投資信託〟用に運用してもらっていたが、捜査当局はこの件を追及すると、同様に便宜を図ってもらっていた政治家たちまで逮捕されることになるため、調べられなかったといい、ズサンな捜査ぶりを明らかにした。

## ノーパンしゃぶしゃぶに集う名士

こうした厳しい時代を乗り越えるため、論談同友会は次々と新たな手を考え、打ち出していかなければならなかった。

九七（平成九）年三月からインターネット上に同会のホームページを開設し、企業に関する内部告発や怪文書などを次々と掲載した。

そこではまた、銀行や製薬会社などの実名を挙げ、《巧妙に独禁法違反を隠蔽《いんぺい》》とか《政治資金づくりに下請け業者を泣かす》などのスキャンダルを訴えており、総務担当者を震えあがらせた。

そうした中で浮上してきたのが、「ＭＯＦ担」と呼ばれる銀行幹部による大蔵官僚に対する過剰接待攻勢であった。

各銀行の「ＭＯＦ担」たちは一日中、大蔵省（現・財務省）に張りつき、金融行政の変動や銀行への検査日程などを探ったり、官僚たちを銀座の高級クラブや料亭で饗《きょう》応《おう》したり、休日のゴルフなどで接待漬けした。

中でも、年間一億円を超える接待に使われていたとされ、世間の注目を集めたのが東京・新宿歌舞《かぶ》伎町《きちょう》の地下三階「楼蘭」で行われた「ノーパンしゃぶしゃぶ」接待であった。

堀ごたつの部屋で乳房が横からはみ出して丸見えというノーパン・ミニスカート姿のウェイトレスが料理を運んでくるという趣向の店で、高級官僚たちの評判は上々でいつも満席というほどの人気店だった。

正木は九八（平成十）年二月二十六日付のホームページに「楼蘭」の顧客名簿を掲載し、「八七（昭和六十二）年からの十二年間、『楼蘭』では政財官界など多方面の顧客一万人以上の名簿をFD（フロッピーディスク）に保存している」と暗に脅しを掛けたのだ。

現に、その中には厚生省事務次官の山口剛彦《やまぐちたけひこ》をはじめ、通産省事務次官の渡辺修《わたなべおさむ》、運輸省事務次官の黒野《くろの》匡彦《まさひこ》、郵政省事務次官の五十嵐《いがらし》三津雄《みつお》、農林水産省事務次官の高橋政行《たかはしまさゆき》、建設省事務次官の伴襄《ばんのぼる》、食糧庁長官の高木《たかぎ》勇樹《ゆうき》、労働省総務審議官の野寺《のでら》康幸《やすゆき》といった各省庁のトップクラスの高級官僚がズラリと並んでいた。

ほかにも日銀副総裁の福井《ふくい》俊彦《としひこ》、元大蔵省高級官僚の橋口収ら四人、さらには水資源開発公団総裁の近藤徹《こんどうとおる》、地域振興整備公団総裁の工藤敦夫《くどうあつお》、森林開発公団理事長の塚本隆久《つかもとたかひさ》、石油公団総裁の小松國男《こまつくにお》、新東京国際空港公団総裁の中村徹《なかむらとおる》、首都高速道路公団理事長の三谷浩《みたにひろし》ら錚々《そうそう》たるメンバー数十人の実名が載っていた。

そのため日銀副総裁の福井が総裁の松下康雄《まつしたやすお》とともに日銀を追われたのをはじめ、各人が出世の道を閉ざされ、論談同友会と正木の名前は広まり、「総会屋恐るべし」との評価はさらに深まった。

このホームページではソフトバンクの内部告発や、味《あじ》の素《もと》利益供与事件の最終弁論（要旨）公開、大手アパレルメーカー社長の芸能人愛人疑惑など有力情報を次々と掲載し、マスコミが大きく取り上げたこともあって、アクセス件数は一年余の間で九十万件を超えた。

商法改正前は、総会屋と言えば小川薫が代表的人物であり、大手企業の株主総会には必ずと言っていいほど頻繁に顔を出し、自分が出られない時は自分が率いるグループの仲間たちが出席していたという。

小池隆一も小川のもとに出入りし、活躍した男である。

だが、小川は商法改正後に恐喝容疑などで度々逮捕され、娑婆《しゃば》にいるより刑務所にいる時の方が多かった。

そのため、改正後は次第に論談同友会の時代になっていった。

日本経済《にほんけいざい》新聞社（日経）社長の鶴田《つるた》卓彦《たくひこ》と東京・赤坂の高級クラブのママの乱行や公私混同問題を週刊誌などが一斉に取り上げたのは、二〇〇三（平成十五）年二月であった。

しかし、この問題を二年も前から察知し、日経に警告していたのが小川だった。

鶴田は毎夜の如《ごと》く高級クラブに現れ、まるで「夜の社長室」の如く仕事上の指示を与えたり、当時の首相・橋本龍太郎《はしもとりゅうたろう》や自民党幹部らに電話を掛けた。

愛人のママは最後には日経新聞社の人事にまで口を出し、「三越の岡田・竹久の再来」と呼べるものだったが、小川がいくら警告しても、鶴田の行状は一向に改められなかった。

〇三年二月、週刊誌『週刊現代』と月刊誌『選択』がとうとう、鶴田社長のスキャンダルを報じた。

そして、日経ベンチャー市場部長の大塚将司《おおつかしょうじ》が内部告発し、それをマスコミが一斉に取り上げたため、騒ぎはどんどん拡大した。

しかも、大塚はクラブママとの関係だけでなく、日経の一〇〇パーセント子会社の「TCW」社が架空工事をデッチ上げて手形を乱発している問題も明らかにし、徹底的に追及した。

それでも鶴田は辞職しないどころか、会長職に就いて居座り、逆に大塚は懲戒解雇され、名誉毀損で刑事告発まで受けた。

その事態に、小川は「総会屋が健在ならば、こんな経営者は糾弾され、辞めさせられたのに……」と、いかにも残念でならない様子を見せていたという。

一時は隆盛を極めた論談同友会も〇一（平成十三）年八月、ついに解散した。二十七年間にわたって拠点として設置されてきた事務所ビルも、〇三（平成十五）年二月に売却された。

その直前に、正木を訪ねてきた小川は「小池の野郎は私が紹介した木島力也や上森子鉄らを誑《たぶら》かして奪いやがって……」と批判したが、かつては「正木」と呼び捨てにしていたのを「正木君」と呼ぶなど、勢いの衰えを感じさせる姿に思わず胸を打たれたという。

小川は〇八（平成二十）年六月、七十歳にして警視庁に恐喝容疑で逮捕され、懲役十カ月の実刑判決を受けた。

小川の右腕的存在だった玉田は〇九（平成二十一）年一月、東京拘置所に小川の面会に行ったが、その時は「わしゃあ、このまま真面目になるわけにはいかんのや。最後の最後までやらせてくれ」などと元気に吠《ほ》えていた。

しかし、小川はその後、体調を崩して、同年四月二十七日夜、東京拘置所内で死亡した。

まさに正木との面談が今生の別れとなってしまったのだ。

その正木も一六（平成二十八）年七月二日、死亡した。

「もはや総会屋は消えたと言われているが、単に株主総会を総会屋から弁護士や警察の天下りが奪っただけだ。米国企業は自社でガードマンを雇い、警察を株主総会に入れないが、日本企業は弁護士と警察ＯＢが持ちつ持たれつの関係で我が世の春を謳歌《おうか》しているのだ」

正木は最期にそう語っていたという。

論談同友会の盟友・梶谷正幸は〇四（平成十六）年十一月、六十二歳で総会屋稼業から引退した。

一二（平成二十四）年には、小川の高校時代の同級生グループの一人で論談同友会の元常務理事だった大野崇忠も死亡した。

総会屋たちは次々と姿を消し、彼らが活躍した時代は終わりを告げた。

これは単に、商法改正などによって総会屋という商売が消滅したと言うだけではない。むしろ彼らがその存在を公《おおやけ》の世界から隠し、同時に政治の世界にも手を広げて、一段高いところから「闇のカネ」を支配しようという「政界ヤクザ」に成長していったことを意味しているのではないか。

次は、戦争に負けて荒れ野しか残らなかった日本が、戦後に経済成長していく中でいかにして「政界ヤクザ」たちが生まれ、はびこっていったのかを知るために、戦前から戦後にかけての日本の時代背景を探ってみたい。

# 第3章　原点は満州・上海人脈にあり

## 帝国を大陸に進出させた面々

「闇のカネ」と言われて、我々が真っ先に思い浮かべるものとは、いったい、何であろうか。

それは昭和初期から太平洋戦争後にかけて、日本を支配し、昭和という時代をリードしてきた一部の保守系政治家と帝国陸軍を中心とした旧軍部、財閥系財界人。そして、大物の右翼活動家と、彼らから派生した大陸浪人たちが結託して、中国大陸で搾取し、隠匿したとされる巨額な裏資金であろう。

徳川《とくがわ》幕府が薩長《さつちよう》連合勢力によって打倒された明治維新後。日本の新政府は「欧米の列強諸国に追いつけ追い越せ」を合言葉に富国強兵、殖産興業策を進め、急速に軍事大国への道を走り始めた。

そうした動きがやがて、豊富な資源や労働力を求めて中国大陸への進出を目指し、日清《につしん》・日露《にちろ》戦争や満州《まんしゆう》・日華《につか》事変、そして太平洋戦争の勃発《ぼつぱつ》へと突き進むことへと変わっていったのである。

これら国策を表で推進したのは、政財官界と軍部を牛耳っていた旧薩摩《さつま》、長州《ちようしゆう》、土《と》佐《さ》藩出身の一部エリートたちであるが、彼らを陰で支えて、水面下で謀略に奔走したのが、軍の情報・工作部門と、右翼・大陸浪人らがつくる特務機関であったことは間違いなく、後に歴史が証明しているところである。

その中でも主要な役割を果たしたとされるのは、福岡県に本拠を構える右翼系政治結社「玄洋社《げんようしゃ》」であり、その創設者で戦前の右翼活動家を代表する頭山満《とうやまみつる》だった。

明治時代に結成された「玄洋社」は一貫して日本の右翼活動の中心的存在として君臨した。明治・大正時代に「政界の黒幕」と恐れられた杉山茂丸《すぎやましげまる》をはじめ、元首相の鳩山由紀夫《はとやまゆきお》の曾祖父《そうそふ》で貴族院議員の寺田栄《てらださかえ》、非軍人政治家のＡ級戦犯として唯一処刑された元首相の広田弘毅《ひろたこうき》、首相就任直前に病死した元自由《じゆう》党総裁の緒方竹虎《おがたたけとら》など、さまざまな人材を輩出した。

さらに、五・一五事件で暗殺された元首相の犬養毅《いぬかいつよし》や、日独伊三国同盟締結時の外相でＡ級戦犯となった松岡洋右《まつおかようすけ》らにも影響を与えるなど、中央政界に多大な影響力を発揮した。

ところで、明治初期以降、異国で一旗上げようと多くの日本人が中国大陸や東南アジアに渡り、農場経営や商売・事業で成功を収め、独自の居留民・開拓団社会を築いていた。

そんな中に「青雲の志を抱いて」と言えば聞こえがいいが、具体的な計画など持たずに渡航した無頼派の青年たちがいて、「大陸浪人」と呼ばれた。

後に彼らを一大勢力として結集させたのが、「黒龍会《こくりゅうかい》」を中心とする民間の右翼団体であった。

「黒龍会」は一九〇一（明治三十四）年、日清戦争後の列強諸国による三国干渉に反発した「玄洋社」のメンバーが結成した組織であり、内田《うちだ》良平《りょうへい》や葛生《くずう》能久《よしひさ》ら後の右翼活動家の重鎮が主導した。

彼らはある意味、政治家たちを誘導して国政に多大なる影響を与えており、政界ヤクザの原点と言っていい存在であった。そして、大日本帝国陸軍参謀本部の幹部たちとも密接な連携を取りながら、主に中国大陸における諜報《ちょうほう》・謀略の限りを尽くした。

この諜報・謀略工作に帝国陸軍側から参加した主なメンバーとしては、陸軍情報将校の元祖とされる元ソ連駐在武官・萩野《はぎの》末吉《すえきち》をはじめ、元参謀本部第二（情報）部長で、後に清国派遣隊司令官（少将、後に大将）となった福島《ふくしま》安正《やすまさ》、同第二部情報将校（中佐）で、玄洋社系大陸浪人や馬賊を中心とする「満州義軍」を率いた花田《はなだ》仲之助《ちゅうのすけ》らがいた。

「黒龍会」の面々は孫文《そんぶん》の独立運動を支援して中華民国を安定・強化させ、列強諸国に対抗しようと考えていたが、一方で大陸浪人の川島浪速《かわしまなにわ》が率いる右翼・大陸浪人グループは満州・蒙古《もうこ》を中華民国から独立させ、日本の支配下に置こうとした。

川島は自ら、親日派として知られる清国の王族・粛親王《しゅくしんおう》の顧問と称し、後の満州国建設の陰の立役者として暗躍した。

川島は粛親王の娘を養女に迎えたが、その女性こそが上海事変や満州国建設の背後で根回しや裏工作に走り回り、「東洋のマタ・ハリ（女スパイ）」として名を馳《は》せた川島芳子《よしこ》である。

一二（明治四十五）年、清王朝が倒れて中華民国が設立されると、川島浪速は帝国陸軍参謀本部員（少佐）で後に首相（大将・A級戦犯）まで上り詰めた小磯国昭《こいそくにあき》ら中堅・若手将校と結託し、満蒙《まんもう》独立運動を画策した。

関東《かんとう》軍司令部の全面的な支援の下、特務機関や大陸浪人グループの面々を率いて、二八（昭和三）年の満州軍閥・張作霖《ちょうさくりん》爆殺事件や、三一（昭和六）年の満州鉄道爆破に端を発した満州事変という謀略に繋《つな》がっていく。

この満州事変から日華事変、太平洋戦争、そして終戦後の混乱期に至る我が国の裏面史を綴《つづ》っていくと、非常に興味深い新事実が次々と明らかになってくる。ただ、それだけで優に二、三冊の本が書けてしまうし、本書の狙いとはやや離れてしまうので、ここでは割愛する。

ただ、満州や上海などで暗躍した特務機関の動きの中に、後の政界ヤクザに繋がる事象や人物が出てくるため、それらを注視しながら話を進めて行きたい。

## 満州・南京傀儡政権が生み出す〝宝〟

一九一一（明治四十四）年の辛亥《しんがい》革命以降、中国は軍閥が各地を支配する群雄割拠時代を迎えた。

日本が事実上支配下に置いていた中国東北部・満州は表向き、張作霖の軍閥が支配する形になっていた。だが、二八（昭和三）年六月四日朝、中心都市の奉天《ほうてん》（現・瀋《しん》陽《よう》）郊外で、張が乗った列車が爆破されるテロ事件が発生した。

実際は関東軍高級参謀の河本大作《こうもとだいさく》大佐を中心としたメンバーによる陰謀工作で、張を暗殺後、犯行現場に中国人二人の死体を放置し、「中国国民党・蒋介石《しょうかいせき》軍の便衣隊（ゲリラ）による犯行」と断定したのだ。

その関東軍はさらに工作を続けようとしたが、当時の日本政府は中国大陸における紛争抑制策を取っており、関東軍も河本を停職・予備役編入処分とするなど一時的に動きは止まったように見えた。

しかし、後任の関東軍高級参謀、板垣征四郎《いたがきせいしろう》大佐と部下の作戦主任参謀、石原莞爾《いしはらかんじ》中佐が組んで三一（昭和六）年九月十八日夜、奉天郊外の柳条湖《りゅうじょうこ》で中国軍の犯行に見せかけ満州鉄道の線路を爆破したうえ、犯人追跡と周辺警備の名目で直ちに軍事行動を起こし、奉天や長春《ちょうしゅん》など満州の主要都市を占領した。満州事変の勃発であった。

板垣は一八八五（明治十八）年生まれ。陸軍士官学校第十六期卒業。満州事変後に関東軍参謀長、支那《しな》派遣軍総参謀長、第七方面軍司令官と順調に出世し、陸軍大臣まで務めたが、A級戦犯として東京裁判で死刑となった。

八九（明治二十二）年生まれで陸軍士官学校第二十一期の石原は、関東軍作戦主任参謀から参謀本部第一作戦部作戦課長、同第一部長に就任するなど出世街道を歩んだが、主流派と対立して関東軍に追いやられ、そこでも参謀長で後に首相になる東条英《とうじょうひで》機《き》と合わずに閑職についたうえ、太平洋戦争開戦前に予備役編入となった。お蔭《かげ》で終戦後の戦犯指名は免れたが、故郷・山形にて一人でひっそりと病死している。

因《ちな》みに、張爆殺事件の主犯として陸軍を追われた河本は一九三二（昭和七）年に満州鉄道理事となり、二年後には満州炭鉱理事長、四二（昭和十七）年に中国・山西《さんせい》省の国策会社社長に就任するなど実業家として成功した。

だが、戦後は中国政府の指示のもと中国の同省で事業を継続していたところを共産党革命が起こって失脚したうえに逮捕され、こちらも中国国内の収容所内で一人寂しく病死した。

この板垣と石原、河本の三人は、三六（昭和十一）年に起きた二・二六事件で露呈した陸軍内の統制派・皇道派の派閥抗争で、統制派の主導者として斬殺《ざんさつ》された陸軍省軍務局長の永田《ながた》鉄山《てつざん》（陸軍士官学校十六期）や東条英機の呼びかけで陸軍内に結成されたエリート将校らの秘密結社「一夕《いっせき》会」のメンバーたちであった。

話を元に戻そう。

柳条湖事件を契機に、関東軍は天津《てんしん》で蟄居《ちっきょ》していた清《しん》朝の〝ラストエンペラー〟である宣統帝《せんとうてい》・溥儀《ふぎ》を担ぎ出し、三二（昭和七）年三月、長春から改名した新京《しんきょう》を首都とする満州国の建国を宣言した。

これらの謀略を板垣、石原の二人とともに実行したのが当時、奉天特務機関長だった土肥《どい》原賢二《はらけんじ》大佐（後に大将となり、A級戦犯として東京裁判で死刑）であり、元憲兵隊大尉で土肥原の下で民間特務機関（甘粕《あまかす》機関）を運営していた人物こそが、かの甘粕正彦《まさひこ》である。

土肥原は一八八三（明治十六）年生まれ。陸軍大学校卒業後、参謀本部中国課付大尉として北京で対中国工作に携わった。

日本陸軍随一の中国通で中国語もペラペラだったといい、北京特務機関長補佐官から天津特務機関長、奉天特務機関長を経て、一九三八（昭和十三）年七月、上海に大本営直轄の特務機関「土肥原機関」を設立する。

土肥原は日中戦争勃発《ぼっぱつ》時に第十四師団長として中国大陸を転戦したほか、陸軍士官学校長や第七方面軍司令官などを歴任したが、その軍歴のほとんどを対中国工作に費やし、日本陸軍きっての「情報工作・謀略のプロ」と呼ばれた。

因みに上海の特務機関は土肥原の離脱後、影佐《かげさ》禎昭《さだあき》大佐が率いる「梅機関」（影佐機関）に引き継がれ、中国国民党政権の特務機関との間で熾烈《しれつ》な謀略戦や壮絶な暗殺劇を繰り広げることになる。

一方、甘粕は一八九一（明治二十四）年生まれ。憲兵将校の道を進み、東京憲兵隊の分隊長だった一九二三（大正十二）年九月、無政府主義者として知られた大杉栄《おおすぎさかえ》・伊藤野枝《いとうのえ》夫妻らを捕まえたうえに虐殺するという甘粕事件を起こして悪名を轟《とどろ》かせ、懲役十年の判決を受けて服役した。

ところが、わずか三年で出所した後、陸軍の資金援助を受けてフランスに留学し、三〇（昭和五）年には満州に渡って、満州国の警察トップとなる民政部警務司長や、満州青年連盟を合併して満州国唯一の合法的な政治団体となった「協和《きょうわ》会」の中央本部総務部長を歴任した強者《つわもの》である。

　また、同時に大物右翼の大川周明《おおかわしゅうめい》を通じて、満州にいた大陸浪人がつくる組織「大《だい》雄峯《ゆうほう》会」に入り込み、そのメンバーの一部を結集して「甘粕機関」を作り上げたとされている。

　この「甘粕機関」は満州で中国国民党政府軍の仕業に見せかけた爆弾テロを起こしたり、張作霖の息子・張学良《がくりょう》派の幹部たちの襲撃や暗殺、溥儀擁立工作に従事したほか、莫大《ばくだい》な工作資金を捻出《ねんしゅつ》するため中国の犯罪組織と組んで阿片《あへん》密売に関与したとも言われている。

　その一方で、甘粕は満州映画協会の理事長を務め、李《り》香蘭《こうらん》（山口淑子《やまぐちよしこ》）や森繁久彌《もりしげひさや》ら人気映画スターや文化人、政財界人と交流するなど「黒幕」とは思えぬ表に出た活動も行っている。

　因みに甘粕を満映理事長の座に就かせたのは、当時の満州国総務庁次長で、戦後に首相となった岸信介《きしのぶすけ》と言われ、甘粕を政界ヤクザの源流に位置付ける根拠の一つとなっている。また、甘粕の側近だった映画科学研究所主事の赤川孝一《あかがわこういち》は人気作家・赤川次郎《じろう》の父親である。

ここからは特務機関の動向について綴ってみよう。

大本営・参謀本部直轄である「土肥原機関」の指揮の下、大陸各地で対中国工作が行われた。各作戦のコードネームには植物名が付けられ、北京が「竹工作」、上海が「蘭工作」、福建《ふっけん》省は「菊工作」と呼ばれ、担当した組織は「竹機関」「蘭機関」「菊機関」と称した。

実は、こうして各種工作や特務機関に植物などの一文字の名前を付けるのは、陸軍の常套《じょうとう》手段と言えるものだった。ほかにも、重慶《じゅうけい》の国民党政府に対する特務工作を担当した「桜機関」や、ボース率いるインド国民軍と連携してインド独立工作を支援した「光機関」などが知られている。

そんな中で、影佐が率いる「梅機関」が重慶国民党政府に仕掛けた「梅工作」は、巧妙な作戦として知られている。同政府ナンバー2で蒋介石のライバル・汪兆銘《おうちょうめい》を懐柔してベトナムに逃亡させ、南京に親日派政権を樹立させることに成功したのだ。

影佐は一八九三（明治二十六）年生まれ。参謀本部第二部第七（支那）課長から、参謀本部に新設された第八（宣伝謀略）課の初代課長を経て、陸軍省軍務課長の時に南京傀儡《かいらい》政権樹立工作に携わり、自ら同政府軍事顧問に就任した。

その後、第三十八師団長などを歴任し、中将としてラバウルで終戦を迎えた。

いわば影佐は陸軍のスパイを象徴する存在だったと言っていいだろう。そのために終戦後は戦犯として逮捕され、一九四八（昭和二十三）年に獄中死している。

余談になるが、ここに登場した人たちが現代社会にも生き残り、今なお国の舵取《かじと》りに深く関わっている事実をお伝えしておこう。

二〇一二（平成二十四）年の自民党総裁選で、決選投票の末に新総裁に選出された現在の首相・安倍晋三が「右翼勢力の有力支援者であった元首相・岸信介の孫」であり、その後見役を自認している元首相・麻生太郎《あそうたろう》が「戦後の宰相・吉田茂の孫」であることは、誰もが知っていることだろう。

だが、自民党総裁選で不出場に追い込まれた前総裁の谷垣禎一《たにがきさだかず》も、実は、影佐の孫（影佐の娘婿が谷垣の父親で元文相・谷垣専一《せんいち》）であり、日中両国の裏面史を彩った主人公たちの血脈が、今も続いていることは明らかである。

もっとも影佐なら、簡単に総裁選から引き下がることはなかったし、もっと迫力のある選挙戦になっていたと思われるだけに、現在の政治家たちのスケールの小ささは残念でならない。

## 阿片と偽札のマネーテロ

陸軍や特務機関の中国工作には、中国の政治・経済を混乱させる目的に加え、自らの謀略工作資金をつくるために、偽札をつくってバラまいたり、阿片を密造して売買するなどの謀略、と言うより犯罪行為に近いものも含まれていた。

これは現在の北朝鮮政府が外貨不足を補い、かつ米国当局を攪乱《かくらん》しようとしてドル紙幣を大量に偽造したり、覚醒剤《かくせいざい》取引を行っているのと全く同じ論理であり、「マネーテロ」と言っていい。

一九三三（昭和八）年、中国北西部を支配下に収めた関東軍は、旧熱河《ねっか》省で大量に製造されていた熱河阿片を、当時中国最大の阿片マーケットだった天津に持ち込み、地下で密売する工作に着手した。

満州の「松機関」と天津の「茂川機関」が協力してことを起こし、稼ぎ出した多額の資金は満州国の運営や関東軍の活動に大いに役立ったとされている。

この「松機関」に偽札をバラまかせ、中国経済の攪乱を図ろうとした「杉工作」を企てたのが、後にスパイ養成機関「陸軍中野《なかの》学校」の創設に関わり、陸軍中野学校の

〝生みの親〟として知られる、当時は陸軍省軍事課長だった岩畔《いわくろ》豪雄《ひでお》大佐（後に少将）である。

岩畔はこれまた自ら創設に関わったとされる陸軍登戸《のぼりと》研究所に指示し、大量の偽札を製造させた。

この研究所は後に毒物・化学兵器の研究に携わるようになり、毒ガス、細菌戦の研究部隊として知られる関東軍の第五一六部隊や第七三一部隊とも連携していた。登戸研究所の名前は岩畔とともに、帝銀《ていぎん》事件をはじめ戦後の謀略事件の背後で何度も囁《ささや》かれている。

ここで少し脱線して、帝銀事件について説明しておこう。

帝銀事件は四八（昭和二十三）年一月二十六日午後三時半頃、東京都豊島《としま》区の帝国銀行椎名《しいな》町《まち》支店に、《東京都防疫消毒班》と書かれた腕章を付け、「東京都衛生課兼厚生省厚生部医員の松井蔚《まついしげる》」と名乗る男が現れ、行員ら十六人を呼び集めたことに端を発する。

そして、「松井」は「近くの民家で集団赤痢が発生したので、ＧＨＱが防疫に乗り出しています。私が係官です」と語った後で、「その家の同居者がこの銀行に来たそうです。後で消毒班が来ますので、その前にこの予防薬を飲んで下さい」と言って、全員に二種類の薬を飲ませたのだ。

「松井」と名乗る男は「最初の薬を飲んだ後、一分ほど間を置いて、次の薬を飲んで下さい」と言いながら、まず自分が飲んでみせた。このため、行員らは何ら疑いを見せずに次々と薬を飲み、やがてバタバタと倒れて死亡した。

「松井」は、支店にあった現金十六万四千四百円と額面一万七千四百五十円の小切手を奪い逃走した、という事件である。

死者十二人を出した戦後最悪の大量殺人事件であった。

しかも、この事件とよく似た手口の犯行が、都内で二件発生していることが判明した。

一件目は前年の四七（昭和二十二）年十月、東京都品川《しながわ》区の安田《やすだ》銀行（現・みずほ銀行）荏原《えばら》支店で、《厚生省予防局　厚生技官　松井蔚》の名刺を出した男が腸チフスの予防薬と称する薬物を行員らに飲ませたが、何の症状も出ず、未遂に終わった事件である。

二件目は帝銀事件の一週間前の一月十九日、東京都新宿区の三井銀行（現・三井住友銀行）中井《なかい》支店で、《厚生省技官兼東京都防疫課　山口二《やまぐちじ》郎《ろう》》の名刺を出して集団赤痢の防疫として薬を出そうとしたが、支店長が従わなかったため逃走していた。

帝銀事件で犠牲者の体内から検出された毒物は、鑑定の結果、青酸ソーダと判明したが、犯人は毒物以外、名刺などの物証をすべて持ち帰っており、捜査は難航した。

さらに「山口」の方は該当者がおらず、犯人が架空の人物名を用いて偽造した名刺であると断定したが、「松井」の方は厚生省予防局に実在する人物で、しかも、犯人が差し出した名刺は本人のものと分かったのだ。

特捜本部は、行員たちの証言をもとに作成した犯人のモンタージュ写真と「松井」の人相が似ているうえ、軍役で医療関係の仕事をしたことがあることから松井を徹底的に追及したが、アリバイが成立して無罪となった。

ここで登場するのが、帝銀事件が冤罪《えんざい》か否かという話ですっかり有名になったテンペラ画の大家、平沢貞通《ひらさわさだみち》（逮捕当時五十六歳）であった。

「松井」が名刺交換した百二十八人のうちの一人で、犯行当時のアリバイがはっきりしていなかったうえ、妻の弟が帝国銀行椎名町支店に出入りしていたことや、事件直後に彼の銀行口座に十三万四千円という大金（サラリーマンの平均月収が一万円余の時代）が入金されていたことなどから、警察は逮捕に踏み切ったのだ。

しかし、それだけの理由で強引に逮捕したことはその後、大いなる疑惑と問題点を浮き彫りにし、〝黒い昭和史〟を象徴する事件となった。

まずは、青酸化合物は即効性が強く、体内に摂取してから数秒で苦しみ出すものである。

従って十六人に一斉に青酸化合物を服用させ、ほぼ同時に全員を死亡させるには、よほど薬物の調合に精通していなければならず、犯人は毒物の扱いに慣れたプロ、ということになるだろう。

その線で捜査を進めて行った結果、毒物研究に関わったとされる旧日本軍関係者の存在が浮上してきた。

特に事件発生から二ヵ月程経った頃には、細菌兵器や毒物研究に従事し、「悪魔の第七三一部隊」と恐れられた関東軍防疫給水部や、その人体実験に協力していたとされる関東軍憲兵隊、毒ガス戦の研究部隊だった関東軍第五一六部隊、特殊工作員を教育・育成する陸軍中野学校、その中でも特に毒ガス戦略を教育する機関だった陸軍習《なら》志《し》野《の》学校、毒物研究にも携わっていたという陸軍登戸研究所などに対する捜査を強化したという。

そして〝重要参考人〟を数人に絞り込み、徹底的にマークするところまで進展していたのだが、実を結ばなかった。

　ところで、帝銀事件などで名刺を使われた厚生技官の「松井」は軍務で医療関係の仕事に就いていたが、その仕事とはいったい何か。

　彼は戦時中に医学博士の陸軍司政官として南方戦線に従軍し、シンガポールの第二十五軍軍政監部医務課長やジャカルタのパスツール研究所の研究員などを歴任し、シンガポールの南方軍防疫給水部とも関わっていたという。その関係で第七三一部隊とも繋《つな》がりがあったため、真っ先に調べられるのも無理はなかった。

　第七三一部隊は三二（昭和七）年、東京・戸山《とやま》の陸軍軍医学校防疫部に石井《いしい》四郎《しろう》軍医少佐（後に中将）を中心に設置された防疫研究室が原点であった。

　国内では研究・実験が難しいため、翌三三（昭和八）年に旧満州に関東軍防疫班として創設され、三六（昭和十一）年に関東軍防疫部（後に防疫給水部）として正式に発足。三八（昭和十三）年にハルビンに移って「捕虜を使った悪魔の人体実験」を始めた。

「マルタ」と呼ばれた人体実験の被験者は当初、日本人の反戦活動家ら重大犯罪者とされた人をはじめ、中国・ロシア人捕虜や中国人スパイなどが充てられていたが、次第に数が足りなくなり、関東軍司令官から関東軍憲兵隊に対し「犯罪容疑者なら誰でも構わないから裁判なしに収容所に移送せよ」との命令が出された。

そのために阿《あ》片《へん》中毒者やこそ泥、かっ払い、売春婦に加え、病気で動けなくなった中国・朝鮮人労働者らが手当たり次第に捕らえられ、収容所に送られた。その様子はナチスドイツのユダヤ人虐待に匹敵するほどの虐待行為であり、関東軍は文句なしの謀略機関と言えた。

第七三一部隊では三九（昭和十四）年頃から既に、ソ連軍の陣地や支配下地域に流れ込む河川に、上流からチフス菌や赤痢菌などを流すなど、生物兵器の実戦への投入が行われていた。

さらに問題なのは、終戦後にそうした研究成果をめぐって米ソ両国が激しい争奪戦を繰り広げ、研究資料はすべて米国側に渡されたうえ、幹部研究者たちは米進駐軍と深い繋がりを持って、医者や医薬品研究者として厚遇されたという。

そうした中には右翼系政界雑誌の発行・編集人になった者もおり、後に政界ヤクザの世界に飛び込んでくる人物もいた。

帝銀事件の「謎」について論じ始めると、キリがなくなってしまうが、本書の狙いはそこにはないので、ここらで筆を止めておこうと思う。

ただ一つ言えるのは、帝銀事件と戦中・戦後の中国大陸での出来事が深く関わっていたことであり、そこに驚きと言うより恐ろしさを感じざるを得ない。

## 中国大陸でやりたい放題

ところで、関東軍と言うより日本軍全体、いや日本政府は、この熱河阿片に止《とど》まらず、次第に満州や蒙古、新疆《しんきょう》で製造される阿片や、中央アジアなどから流入する阿片を大々的に扱う事業を始め、膨張する軍事費や謀略・工作費に充てていた。

それを統括したのが外務、大蔵省などの省庁と軍部との調整機関として、一九三八（昭和十三）年に設立された政府機関「興亜《こうあ》院《いん》」で、同機関が占領地の経済政策として阿片ビジネスを仕切っていたという。

「興亜院」の職員名簿には、大蔵省からの出向の形で、戦後の自民党代議士で蔵相の座に就いた愛知《あいち》揆《き》一《いち》や、後に首相となった大平正芳《おおひらまさよし》の名前が出てくるから、公的機関として扱われていたと言えるだろう。

また、陸軍は岩畔が中心となり、三井、三菱、大倉《おおくら》の三財閥が出資して、工作活動のダミーとなる国策会社「昭和通商」を創設している。

この会社は軍需戦略物資の調達はもとより、武器の売買、阿片の輸出入などカネになることとなら何でも行っていたという。

「昭和通商」には、戦後の日本を代表する大物フィクサーと称された右翼活動家・三《み》浦義《うらぎ》一《いち》の盟友で自らも右翼団体を主宰した関山義《せきやまぎ》人《じん》率いる陸軍の物資調達組織「関山機関」や、戦後の混乱期にＧＨＱ（連合国軍最高司令官総司令部）の謀略組織とされた「キャノン機関」の下で暗躍し、下山《しもやま》事件の容疑者リストにも名前が登場した矢板《やいた》玄《くろし》が率いる物資調達組織「矢板機関」の面々などが出入りしていた。

　こうした満州、天津での阿片ビジネスの成功を受け、陸海軍の上層部は傘下の特務機関や大陸浪人系組織を使って上海でも阿片の密売を計画。天津や北京の邦字紙記者として中国の犯罪組織に強力なコネクションを持ち、関東軍直属の国策会社「満州国通信社」の初代主幹を務めた〝情報収集・分析・宣伝のプロ〟里見甫《さとみはじめ》をまとめ役に起用した。

　里見は阿片中毒患者の救済・社会復帰を名目に掲げて、上海に南京政府の出先機関として「里見機関」を設立。実際は「土肥原・影佐機関」をはじめとする各特務機関や「昭和通商」が大量に持ち込んでくる蒙古・新疆、中央・西アジア産の阿片を上海・福建マフィアを介して売り捌《さば》き、利益のほとんどを「興亜院」を通じて日本政府や軍部に上納していたのだ。

　一方、海軍側も海軍省兵備局と艦政本部が中心となり、上海に海軍専用の国策会社

「万和通商」を設立。陸軍系商社「昭和通商」に負けじと物資調達や麻薬取引に乗り出した。

しかし、「万和通商」が調達する物資のほとんどが艦政本部用に接収されてしまうため、海軍航空本部は四一（昭和十六）年、自前の物資調達機関を設立した。

これを主導したのは特攻隊の〝生みの親〟として知られる航空本部の中心的存在であった大西瀧治郎《おおにしたきじろう》少将であり、大西が実働部隊の責任者として据えたのが売り出し中の若手右翼・児玉誉士夫だった。

## 児玉誉士夫が登場

児玉誉士夫は、「日本の首領」との異名を誇った大物右翼・笹川良一《ささがわりょういち》の紹介で、外務省情報部嘱託という身分で上海で活動していたところを大西に抜擢《ばってき》された。

彼が設立した「児玉機関」には、後（一九六〇年）に自民党政権の依頼で全国の暴力団組織結集に動いたとされる暴力団北星会会長の岡村吾一や、笹川の側近として国粋大衆党の結成・再建に尽くした藤吉男ら、一癖も二癖もある連中や、大陸浪人の中でも暴れん坊たちが集まった。

この時、児玉が上海で集めた大量の貴金属類などの資産を、終戦の混乱に乗じて密《ひそ》かに朝日新聞社機で国内に持ち込んで隠匿した。そして、その半分近くはＧＨＱに没収されたものの、残りは鳩山一郎《いちろう》が日本自由《にほんじゆう》党を創設した際の資金に使われたことはよく知られている。

児玉は鳩山や河野一郎、大野伴睦《おおのばんぼく》ら党人派政治家たちの活動を支え、鳩山が日本自由党から分かれ岸信介らと日本民主《にほんみんしゅ》党を結成した際や、五五（昭和三十）年の保守合同で自民党が誕生し、鳩山が初代、岸が三代目党総裁（首相）に就任した後も支援してきた。

「日本で最も怖い男」と評された児玉は一一（明治四十四）年二月十八日、福島県安《あ》達《だち》郡本宮《もとみや》町で生まれた。

自伝などによると、先祖は代々、会津《あいづ》藩と並んで「賊軍」の汚名を着せられた二本《にほん》松《まつ》藩の槍術《そうじゅつ》指南役であった。

父親の山田《やまだ》酉四郎《とりしろう》は同藩の御典医・児玉家から望まれて養子となり、児玉姓に。酉四郎は仙台《せんだい》で医学を勉強したが、後に医業を捨て、政界に身を投じた。

福島自由党は東北における自由党の中心的存在で、新政府への不満を爆発させ、市民の人気を誇っていた。

政党自体は、板垣退助《いたがきたいすけ》や後藤象二郎《ごとうしょうじろう》、副島種臣《そえじまたねおみ》らと共に国会の開設を訴えていた河《こう》野《の》広中《ひろなか》が主導し、西四郎も河野の門下生として動き回っていた。

四男だった児玉は常々、西四郎から「東北を差別待遇から救うには社会に出て、偉くなれ」と言われて育ち、早々に反体制派の人間（自らは反逆者と称していた）としての道を歩むことになる。

一八（大正七）年、児玉一家は東京・高田馬場《たかだのばば》に転居したが、同年七月、母親が脳《のう》溢血《いっけつ》で死亡し、生活が一変する。

二三（大正十二）年春、東京・亀戸《かめいど》の紡績工場で働いたが、安月給でこき使われたことに激怒して逃亡した。同年夏、児玉は朝鮮半島に渡り、仁川《インチョン》（現・韓国）の鉄工所で働き始めた。

おかげで同年九月一日の関東大震災の被害に遭わずに済んだが、父親が巻き込まれて死亡した。東京で天涯孤独に陥った児玉は帰国すると、東京・向島《むこうじま》の鉄工所で働きながら世の中の出来事に関心を抱くようになった。

当時盛んだった左翼運動に一時興味を持った児玉だったが、赤旗を振ることに違和感を覚え、一転して右翼活動に身を投じていったのだ。

ちょうどその当時は進歩的な右翼運動が起こり、児玉は日本有数の憲法学者として知られる上杉慎吉《うえすぎしんきち》・東大教授が会長を務める「建国会」に入会した。

だが、血気盛んな児玉は二九（昭和四）年十一月三日、明治神宮《めいじじんぐう》に参拝する昭和天皇の車に単独で直訴して逮捕され、懲役六ヵ月の実刑判決を受けて前橋《まえばし》刑務所に服役した。

出所後に「建国会」を離れ、津久井龍雄《つくいたつお》が率いる急進愛国党に入り、右翼活動家の大物である「黒龍会」の内田良平を訪ねた時、たまたま浜口雄幸《はまぐちおさち》首相狙撃《そげき》事件に遭遇した。

浜口内閣の大番頭格である井上準之助《いのうえじゅんのすけ》蔵相は金の輸出禁止を解き、金本位制を復活させる「金解禁」を断行したため、国内経済は動揺を来していた。

児玉は三一（昭和六）年五月、井上蔵相に短刀と弾劾状を送りつけて逮捕された。懲役五ヵ月の判決を受け服役したが、巣鴨《すがも》プリズン（刑務所）を出所した三二（昭和七）年二月九日、井上前蔵相が右翼テロリスト集団「血盟団《けつめいだん》」の団員に射殺され、二ヵ月後にも三井合名理事長の団琢磨《だんたくま》が射殺されるという血盟団事件が発生した。

児玉はこの後、複雑に揺れ動くのだが、それについては追々紹介していきたい。

児玉とともに岸政権をバックアップした大物右翼には、二・二六事件に連座して処刑された戦前の大物右翼理論家・北一輝《きたいっき》の門下で、「国策研究会」を主宰するなど陸軍系理論家右翼として知られた矢《や》次一夫《つぎかずお》などもいた。

彼らは韓国ロビイストとして知られ、岸から池田《いけだ》勇人《はやと》を挟んで佐藤栄作政権時代にかけて日韓《にっかん》交渉の裏工作に取り組み、六五（昭和四十）年の日韓条約締結にこぎ着けている。

その時、水面下で児玉らに協力したのが、暴力団東声会会長で在日韓国人の町井久之、伊藤忠《いとうちゅう》商事で熾《し》烈《れつ》な航空機商戦を展開した元大本営参謀の瀬島龍三《せじまりゅうぞう》、読売《よみうり》新聞政治部記者で大野伴睦、中曽根康弘との親密な交流を通じて力をつけ、後に社長・会長に上り詰めたナベツネこと渡邉恒雄《わたなべつねお》と言われており、彼らの存在は韓国政府が二〇〇五（平成十七）年八月に公開した外交機密文書にはっきりと出ている。

いずれにしても、この時既に各人の姿に後に政財界や闇社会で暗躍する大物フィクサーとしての片鱗《へんりん》が垣間《かいま》見られて、なかなか興味深い。

## 日銀金庫から消えた大量のダイヤ

太平洋戦争終戦後、日本政府が保有していた資産はどうなったのであろうか。

戦時中、政府は国民から鉄や銅など兵器や機械などに利用出来る金属を接収したほか、ダイヤモンドや金、銀、白金などの貴金属を安価で大量に買い上げていた。また中国大陸や東南アジア、南方諸島などの占領地域から貴金属や戦略物資などが根こそぎ集められ、公に、あるいは密かに日本国内に送られていたはずである。

終戦時に、そうした貴金属類の総数量や種類がいったい、どのくらいあったのかについて、はっきり言って正確な数字は分からない。ただ、高額なダイヤモンドの多くが日本銀行本店の地下金庫に厳重に保管されていたことは、各種資料や関係者の証言などから間違いないようである。

ところが、一九六〇（昭和三十五）年の接収貴金属等処理審議会設置で、ようやく貴金属類の処理方法が具体的に検討されることになった時、日銀の金庫には何と、約十六万カラットのダイヤしか残っていなかったのである。

本来あるべきダイヤの数量については前述したように明らかではないが、当時の経済安定本部隠退蔵物資等処理委員会の調査などから、少なくとも六十万カラット以上はあったと推定されている。即ち、四十四万カラット以上のダイヤが消えてしまったことになる。

さらに日銀本店以外にも各地の日銀支店などで、接収された大量の貴金属類が保管されていたはずだが、それらの大半もなくなっていたという。

いったい、どこに消えたのか。

日銀の本支店で保管されていた貴金属の多くが、当時、GHQのESS（経済科学局）の管理下にあり、泥棒が盗みに入るどころか、日本政府高官であっても目にすることさえ容易ではなかったのである。

そうなると疑わしいのはGHQ高官、特にESSの高級将校ということになる。実際、ESS高級将校（大佐）で日銀金庫管理担当官だったエドワード・マレーが帰国後、約五百個・数百カラットのダイヤを不正に持ち出した容疑で米国当局に逮捕され、禁錮《きんこ》十年の実刑判決を受けた。

また、ESS初代局長（大佐）のレイモンド・クレーマーをはじめ、初期のESS高級将校ら十数人が後に米国で汚職や横領などの罪で検挙、更迭されたことが判明しており、ESS幹部による大がかりな着服という疑惑が、ある程度は事実だったと裏付けられたことを示している。

問題は資産の私物化だけではない。ESSは、旧日本軍や一部の政治家が戦時中に全国各地の住民や非財閥系企業などから接収・隠匿していた戦略物資を押収し、本来の所有者を調査して返還する業務を担当した。

だが、作業姿勢にやる気が見られないうえ、戦中・戦後の混乱で所有者の所在が分からなくなっていたため、返還がなかなか進まず、結局、その多くがESSの管理資産に組み込まれ、次々と換金処分されてしまったというのだ。

資産を我が物にすることこそがGHQの真の狙いだったとの説も根強く残っているが、真偽のほどは不明だ。いずれにせよ、GHQがかなり多額の資金を手にしたことは確かである。

これらの資金はいったい、どこに消えたのか。

一応、サンフランシスコ講和条約の発効後はすべて日本政府に返還され、大蔵省が管理していたことになっているが、その段階ではほとんど残っていなかったとも言われ、未《いま》だに大いなる謎とされている。

「GHQの情報機関とされるG－2（参謀第二部）が傘下の情報機関などを通じて、日本の政界工作や旧軍人・右翼活動家らを駆使した反共活動の資金につぎ込んだという話を聞いている。もちろん、そうした名目で使われた途中で、GHQや政府高官、怪しげな連中の懐に入った疑いも捨て切れない」

とは、自民党長老議員の独白だ。真偽のほどは定かではないとしても、十分に可能性のある話と言ってもいいだろう。

もっとも、戦後八十年近く経った現在でも、時折、亡霊のように現れては消えていく「Ｍ資金」絡みの詐欺は、こうした進駐軍の隠匿資金・資産にまつわる噂が膨らんだものが多い。

「Ｍ資金」とは、ＥＳＳが管理資産を処分して得た資金が二代目局長（少将）のウィリアム・マーカットの名前から「マーカット資金」と呼ばれたとされているが、それに尾ひれが付いて瞬く間に噂として広まったものだ。

「日米高官が終戦直後から隠匿してきた『Ｍ資金』と呼ばれる巨額の闇資金がある。登録料を納めて〝ある組織〟の会員になれば、それを引き出すことが出来る」といった詐欺話が真《まこと》しやかに流され、これまで大勢の人が騙《だま》されてきたわけだ。

冷静に考えれば、どこにでもありそうな詐欺話だが、それだけ戦後の混乱に乗じて多くの資産が闇に消えたという話があちこちに存在しているということなのだろう。

ほかにも、Ｇ－２部長（少将）として占領下の日本で絶大な権勢を誇ったチャールズ・ウィロビーが東京・四谷《よつや》のカトリック教会に託していたという反共活動資金「四谷資金」や、ＧＨＱのＬＳ（法務局）が保管していたとされる事件絡みで没収した資産「ＬＳ資金」、さらには「Ｋ資金」「Ｃ資金」など、進駐軍資金をめぐる怪情報は山ほどある。

そうした「Ｍ資金」詐欺は文字通り、戦後のマネーの闇を象徴する犯罪の草分け的存在と言えるし、その闇は我々が想像する以上に深いようである。

## 反共工作で生き残った元軍人の経歴

戦後の日本に君臨したＧＨＱは当初、日本の政治・経済・社会体制を一八〇度転換するような民主化政策を強引に進めていた。

それがやがて、中国共産党による中華人民共和国政府樹立や朝鮮戦争勃発《ぼっぱつ》など極東アジアの赤化に対抗するため、戦犯として巣鴨プリズンに収容されていた保守系政治家や旧軍人、右翼活動家らを次々と釈放したり、自分たちが作った憲法九条を拡大解釈させてまで警察予備隊、ひいては自衛隊の結成を急がせるなど、途中から大きく右に舵《かじ》を切ったことは間違いない。

もともと進駐軍は占領政策を円滑に推進し、戦犯を拘束し取り調べて戦争責任の明確化＝処分を迅速に行うため、旧日本軍の高級将校の中から協力者を選び密《ひそ》かに顧問（ブレーン）に据えていた。軍部や政界内部の事情が分からず、なかなか有力な情報が得られなかったためで、進駐軍が、終戦時に日本側の交渉担当者を務めたり、戦時中に参謀本部の情報将校だった人物に目をつけたのは当然の成り行きであった。

そうした人材の筆頭が、終戦時に陸軍参謀次長（中将）だった河辺《かわべ》虎四郎《とらしろう》と、陸軍参謀本部第二（情報）部長だった有末精三《ありすえせいぞう》である。

河辺は関東軍第二（情報）課長から参謀本部作戦課長、防衛総参謀長、第二航空軍司令官などを経て参謀次長まで上り詰めたところで終戦となった。終戦四日後には大本営を代表して、当時フィリピンにあったＧＨＱとの交渉に臨んだ河辺だが、その時、彼の案内役を務めたのが、後にＧ－２部長となるウィロビーその人であった。

やがて河辺はＧＨＱに全面協力し、連合国軍最高司令官・マッカーサーの受け入れ準備などの公的職務はもとより、旧軍の各部隊参謀長（大将から大佐）級幹部を集めて「河辺機関」を設立し、水面下で反共工作を担うことになる。

この「河辺機関」に参加したメンバーが後の内閣調査室（現・内閣情報調査室）の礎を築き上げたとされ、同機関の発足は戦後の国家情報機関が誕生した瞬間と言ってもいいだろう。

有末は陸軍省軍務課長、北支那方面軍参謀副長を経て、参謀本部第二部長に就任。終戦時にマッカーサーを厚木《あつぎ》飛行場に迎える委員会の委員長として、進駐軍との折衝に当たったことがＧＨＱとの関係を持つきっかけとなった。

その後、彼は陸海軍連絡委員会長に就任。米軍と日本軍の連絡役として降伏文書調印の準備からＧＨＱ高官らの接待まで務め、Ｇ－２の対日連絡課長（大佐）で約十年前から旧知の関係だったマンソンを通じてＧ－２に深く食い込んで行ったという。

同連絡委員会はやがてＧ－２直属の情報機関「有末機関」となり、元海軍から参加していた責任者（少将）の中村勝平《なかむらしょうへい》率いる「中村機関」とともに活動を本格化する。「有末機関」の活動は外地からの復員将兵に対する情報収集が主だったが、一九四六（昭和二十一）年末からシベリア抑留者たちの引き揚げが増え始めると、Ｇ－２傘下のＣＩＣ（防諜《ぼうちょう》隊）の聞き取り調査に協力し、ソ連に関する情報の収集・分析に尽力した。

また、有末は「河辺機関」に協力し、対ソ連軍事情報の収集や反共工作に携わったが、そこには参謀本部第一部作戦課長（大佐）であった服部卓四郎《はっとりたくしろう》が参加。「服部機関」を設けて対ソ連、対中国共産党の情報活動に従事した後、警察予備隊創設に奔走している。

さらに「河辺機関」の主力メンバーの一人であった元東部軍参謀長（中将）の辰巳《たつみ》栄一《えいいち》が「辰巳機関」を設立し、当時の首相・吉田茂の裏顧問として吉田政権とＧ－２の間を密かに取り持つ役目や情報収集活動を担っている。

その「辰巳機関」の中心メンバーで元支那派遣軍作戦課長（少将）の宮野《みやの》正年《まさとし》は、「服部機関」の後を引き継いで警察予備隊創設を後押しし、人選に協力した。

現に「辰巳機関」の幹部の中から元大本営参謀（大佐）の杉田《すぎた》一次《いちじ》ら多数が警察予備隊に入隊し、杉田は後に陸上自衛隊幕僚長まで昇進している。

これらの旧軍人たちは、米軍やＧＨＱ高官との関係を最大限に利用して戦犯容疑者の網をすり抜けたうえ、陸軍省や第一復員省など公的組織に所属し、安定した地位を確保したまま活動した〝うまく立ち回った連中〟である。

彼らを政界ヤクザに分類するのにはやや難があるが、メンバーの資質や行動を見る限り、そう呼んでも不思議ではないだろう。

それに対して、戦時中に軍部の指導的立場にいた高級参謀、諜報・工作活動に携わった情報将校や右翼活動家の多くは、当然のことながら、戦犯容疑に問われ巣鴨プリズンなどに投獄されるか、公職追放処分を受けて逼塞《ひっそく》していた。

対ソ連・中国情報収集や国内の反共工作に追われ、人手不足を痛感していたＧＨＱは、こうした〝人材〟に早くから目を付けていたが、そこは強《したた》かな面々のこと。彼らをタダで登用せず、各人が保有する豊富な資産に触手を伸ばし、〝一石三鳥〟を狙ったとみて間違いない。

彼らを釈放するにあたり、陸軍系特務機関で暗躍していた右翼活動家らが中国大陸などで略奪・隠匿した貴金属や戦略物資をＧＨＱに供出させたのである。

## 謀略に使われた国民の接収資産

戦後を代表する大物フィクサーとして知られる右翼活動家の三浦義一は、いったん戦犯容疑者として逮捕されながらも病気を理由に釈放され、その後も公職追放処分を受けながら、かなり早い段階でＧＨＱの顧問的なポストに就任した。

政財界の中心人物たちが戦犯訴追や資産没収の処分を受けるか免れるかは三浦の一声に懸かっていると言われるほど、生殺与奪の権を握る強大な権限を手にし、フィクサーの座を不動のものとしたのだ。

三浦がなぜ、そんな地位に就けたのかというと、ＧＨＱが彼の右翼活動家としての力や経験を必要としたこともさることながら、もう一つは、三浦が日銀総裁の親戚《しんせき》筋の立場を利用し、戦時中に政府や旧軍部に接収された約五万カラットのダイヤを管理していた「日本金銀運営会」に入り込み、その組織と利権を掌握したことが大きい。

彼はそこで得た多額の資金をＧＨＱ周辺にバラまいて関係強化を図り、まず自らの訴追免除を確定させた。彼の口利きで巣鴨プリズンから釈放されたり、訴追免除や公職追放処分解除になった政財界の重鎮や旧軍人はかなりの数に上っているという。

吉田茂がＧＨＱの追及を逃れ公職追放処分を免れて、首相の座に就き力を発揮した背景には、三浦の助力と資金があったに違いないというのが専らの評判である。

三浦と同様に、隠匿した資産をうまく使ってフィクサーとしての地位を確立したのが、前述の児玉誉士夫である。

彼が鳩山一郎らの日本自由党結成時に工作資金を提供し支援したと書いたが、実は、これを行ったのは児玉の盟友で、原敬《はらたかし》政権顧問を務めるなど立憲政友《りっけんせいゆう》会（鳩山が所属した政党）の〝黒幕〟と言われた大物右翼の辻嘉六《つじかろく》であった。

児玉はＡ級戦犯容疑で巣鴨プリズンに収容された際、中国大陸から持ち帰って隠匿していた貴金属類など資産の保管を辻に依頼した。彼はそこから多額の資金を引き出して政界工作を行い、特に支援していた鳩山に投じて日本自由党結成にこぎ着けたというのだ。

そのことを知った児玉は釈放後、辻に貴金属の返還を求めたが、辻が早くに病没したこともあって、結局、金の行方はウヤムヤとなり、半分程度しか返って来なかったと言われている。

また、児玉が早々と釈放されたのは、隠匿物資の半分近くをＧＨＱに提供した（没収された）からだとも言われ、逆にＧＨＱがまだ若くて無名だった児玉をＡ級戦犯として収監したのは、その隠匿物資を狙ってのことだという説もある。

いずれにしても、児玉が中国大陸で拵《こしら》えた膨大な資産はＧＨＱと日本の政界の闇に吸収されてしまったことになる。

だが、児玉も〝転んでもタダでは起きない男〟だった。

前述の鳩山や河野、大野、川島正次郎《かわしましょうじろう》ら党人派政治家に大きな影響を持つようになったほか、その関係で北海道炭礦《たんこう》汽船（北炭）社長・萩原吉太郎《はぎわらきちたろう》ら政商たちと深い繋《つな》がりを得た。また獄中で岸信介と親交を結んだ児玉は、ＧＨＱやＧ－２の流れを汲《く》むとされたＣＩＡ（米中央情報局）のコネクションをはじめ米国との太いパイプを獲得することに成功したのだ。

釈放後の児玉は鳩山や岸らを支援し、日本自由党結成、鳩山派の分離と日本民主党結成、そして、一九五五（昭和三十）年の保守合同といった永田町の暗闘や、日韓《にっかん》交渉を裏面からサポートしてきた。

六〇（昭和三十五）年の日米安全保障条約改定をめぐる保革の対立（六〇年安保闘争）の際は、連日数万人を動員した激しい安保反対デモのため、米大統領・アイゼンハワーの訪日が危ぶまれた。そのため岸政権が窮地に立たされると、自民党の要請を受けて全国の暴力団や右翼団体を結集し、過激な左翼勢力からアイゼンハワーを守る準備をするなど、政界フィクサーとして着実に地歩を固めた。

## 現代に残る「キャノン機関」の黒い人脈

児玉のもう一つの活動が、「キャノン機関」や、その傘下組織の各エージェントに協力して反共地下工作を行うことであった。

「キャノン機関」は一九四七（昭和二十二）年十二月、Ｇ－２の中核部隊として戦犯容疑者や共産党のスパイ摘発などを行ったＣＩＣから独立し、Ｇ－２直属の極秘機関として創設された反共謀略組織を指す。

ＣＩＣ横浜支部長（中佐）だったジャック・キャノンが機関長に就任し、日系二世将校を中心とした二十人余りの正規職員と、多くの日本人が加わったエージェントによって運営されてきたと見られている。

このエージェントには戦犯免責と引き換えに、旧日本陸軍の情報将校や中国大陸で特務機関を運営してきた右翼活動家らが続々と参加した。

元北京特務機関長（大佐）の日高富明《ひだかとみあき》が率いる「日高機関」、元内閣情報局総裁・伊藤述史《いとうのぶふみ》がトップの「伊藤機関」、上海憲兵隊中佐だった長光捷治《ながみつしょうじ》率いる「柿《かき》の木《き》坂《ざか》グループ」、三浦義一と親交があり、上海で陸軍の物資調達を行っていた矢板玄を中心とする「矢板機関」（亜細亜《あじあ》産業）などがあった。

そうした中には、大陸の阿片《あへん》工作で知られた「里見機関」長の里見甫や、「甘粕機関」で活躍し、後に韓国・李承晩《イスンマン》政権下で新たに情報機関を設立した村井恵も顔を見せている。

また、児玉や三浦のほか笹川良一や田中清玄《たなかせいげん》、赤尾敏《あかおびん》といった大物右翼や吉田茂、岸信介、佐藤栄作など保守系政治家から共産党幹部の伊藤律《いとうりつ》まで多彩な人物が協力したとされている。

彼らの主な任務はソ連が日本国内に設けた諜報《ちょうほう》網の摘発や、日本・中国・ソ連の各共産党に対するスパイ工作、国内で大規模なストライキを敢行している過激派労組の監視及び内偵調査などであったが、さらにダーティーな地下工作も行っていたとも言われている。

国内は当時、ＧＨＱの民主化政策に乗じ左派労組や共産党の活動が活発化、生活水準向上を求めて団体交渉やストライキが行われ、ついに社会党《しゃかいとう》政権まで誕生した。

しかし、ソ連の勢力拡大や中国共産党政府樹立などに対抗するため、ＧＨＱが占領政策を大きく転換。緩やかな社会主義的統制経済策を主導してきたＧＳ（民政局）を退け、大統領特使として急遽《きゅうきょ》来日したジョセフ・ドッジによる超緊縮財政方針に基づく経済安定化政策（ドッジライン）を導入したことで、国鉄十万人リストラ政策などの強硬策を次々と断行した。

これに労組や共産党は猛反発し、各地で大規模ストライキを連発したため、世の中は一時、革命前夜の様相を呈するほど騒然とした雰囲気に包まれた。

そんな中で四八（昭和二十三）年、当時の大蔵省主計局長・福田赳夫（後の首相）や前副総理で社会党幹部の西尾《にしお》末広《すえひろ》、最後に首相の芦田均《あしだひとし》まで逮捕された昭電《しょうでん》疑獄事件が発覚。翌四九（昭和二十四）年には初代国鉄総裁・下山定則《しもやまさだのり》が失踪《しっそう》し轢死《れきし》体で発見された下山事件、不可解な列車の脱線転覆事故を連発した三鷹《みたか》・松川《まつかわ》両事件などが起きた。

これらの事件は、ＧＨＱの方針転換に反対する左派労組・共産党勢力を排除し、ＧＨＱの言いなりに政策を遂行する吉田政権の政敵を失脚させるため「キャノン機関」と傘下の日本人エージェントが行った謀略ではないかとの見方が未《いま》だに根強く残っていることは確かだ。

前述したように、東京都豊島区の帝国銀行椎名町支店で青酸ソーダを薬と偽って飲まされた行員ら十二人が死亡した帝銀事件も、それに連なるものだ。

殺人罪で死刑判決が確定しながら、無実を訴えて何度も再審請求を続け、八七（昭和六十二）年に獄中で病死した画家の話は何度も映画やテレビで紹介されたが、実は、この犯罪の背後にもＧＨＱや進駐軍の関与が囁《ささや》かれたり、細菌兵器の研究で知られた関東軍第七三一部隊の残党の影がチラついていたと言われる。

「キャノン機関」は後に、ＣＩＡに吸収されることになる。キャノン自身は一時、ＣＩＡに属したが引退、八一（昭和五十六）年に自宅で射殺体で発見されている。

日本政府や軍部が国民から接収した資産を横取りし、反共工作や政界対策に湯水の如《ごと》く使ったのはＧＨＱとＧ－２、そして「キャノン機関」などの諜報機関だけではなかった。

吉田政権がＧＨＱの推進した強引な民主化政策に対抗しようと頼ったのが、米国本土で「ジャパンロビー」と呼ばれた知日派の反共勢力だったという。

その中心人物は『ニューズウィーク』外信部長のハリー・カーンで、ほかに元米駐日大使や国防長官、弁護士ら多彩な顔ぶれが協力し、ＧＨＱ、特にＧＳの占領政策を痛烈に批判した。後にドッジを特使として派遣し対日政策を転換させることに成功したのも、彼らの功績大と言えた。

実は、この「ジャパンロビー」の関係者の中に、米大手投資銀行「ディロン・リード」社の幹部や顧問弁護士らが多数いた。一時は同社が国鉄利権を狙って起こしたのが下山事件で、沿線にあった東芝《とうしば》を買収しようと仕掛けたのが松川事件だといった噂が乱れ飛んだ。

現に同社は米軍産複合体などと組んで、ロッキード事件や自衛隊の次期戦闘機商戦などの背後にチラついており、まんざら嘘だと決めつけられないところがある。

また、児玉誉士夫や西山廣喜ら大物右翼、国際興業社主の小佐野賢治、元大本営参謀で伊藤忠商事会長だった瀬島龍三といった政商や軍人出身の商売人の名が登場していたし、その周辺には、後に「政界ヤクザ」として暗躍する面々が数多く見られた。

まさしく、そこには深い闇が広がっていたのである。

こうした勢力を、現在の「政界ヤクザ」と全く同じ種類の人々と考えるのは難しいと言えるだろう。

ただ、彼らの重厚な存在感と派手な暗躍ぶりこそが「政界ヤクザ」の源流となったことは間違いない。

# 第4章　海外から襲来した仁義なき戦い

## 米国で火を噴いた大疑獄事件

戦後最大の疑獄事件と言えば、やはり、ロッキード事件であろう。

全日空の次期購入旅客機の機種選定をめぐり、米ロッキード社が全日空に影響力を持つ日本の政治家たちに賄賂《わいろ》をバラまいて裏工作したとされる事件だ。

当時、金権政治を批判されて退陣に追い込まれたばかりの前首相で、その後も「闇将軍」と呼ばれ永田町に睨《にら》みを利かせた実力者・田中角栄が五億円を受け取ったとして逮捕・起訴されて有罪（最高裁に上告中に本人が病死して裁判は終了）となったことで、社会に大きな衝撃を与えた。

この事件の衝撃度は、海外を股《また》に掛けた犯罪であることと、首相経験者の逮捕ということだけには留《とど》まらない。

その根底には日米の巨大な防衛利権と、終戦直後のＧＨＱ（連合国軍最高司令官総司令部）が君臨していた時代から永々と続いてきた国家の安全保障に関わる奥深い癒着の構図が横たわっている。即ち、これはロッキード事件と時を同じくして浮上していたＰ３Ｃ疑惑、そして、ダグラス・グラマン事件を一まとめにして捉《とら》えなければ、全体の構図が見えてこないほど大規模な疑獄事件なのだ。が、同時に後の「政界ヤクザ」に通じる原点と言える事件でもあった。

発端は一九七六（昭和五十一）年二月四日、米上院外交委員会多国籍企業小委員会の公聴会で、ロッキード社の上層部が質問に答える形で、日本への贈賄疑惑を暴露したことに始まる。

自社の誇るトライスター機を全日空に売り込むため、一千百万ドル（当時約三十三億円）以上の裏金を工作資金として投入していたというのだから、いかにもスケールが大きい話だ。

この公聴会において、ロッキード社の会計監査人は「裏工作は右翼フィクサーの児玉誉士夫を中心に行われ、児玉には既に総額約七百万ドル（同二十一億円）に上るコンサルタント料を渡していた」と爆弾発言に及んだ。

また、同社副会長のアーチボルト・コーチャンも「裏金は我が社の正規代理店である総合商社の丸紅《まるべに》と、政商として名高い国際興業社主の小佐野賢治氏の二方向からも日本政府の中枢と日本の政界全般に流れていたことは間違いない」と証言したのだから堪《たま》らない。

このコーチャン証言は永田町に激震を与え、世論は沸騰した。

何しろ、田中角栄の「刎頸《ふんけい》の友」である小佐野の名前が登場し、政権中枢に直結していることが必至の情勢となってきたからだ。

実際、七二（昭和四十七）年の田中政権誕生と同時に、全日空はほぼ決まりかけていたダグラス社のＤＣ10機の採用を全面的に撤回し、その直後にロッキード社のトライスター機導入を決定するなど、いかにも不可解な動きを見せている。

ロッキード社の航空機売り込みに関わった政財界関係者の話によると、コーチャンは七二年六月、児玉に対し航空公害防止協会会長である笹川良一の協力を得られるように紹介を依頼した。だが、笹川はロッキード社の売り込みに関わることは一切しなかった。

そこでコーチャンは今度は、田中角栄と親しく商売上手な小佐野賢治に目をつけ、ロッキード社の売り込みに協力するよう依頼した。

児玉はロッキード社などから年間五千万円とされるコンサルタント料のほかに、莫《ばく》大《だい》な〝闇の収入〟を得ていた。

八一（昭和五十六）年三月十二日に開かれたロッキード事件の論告求刑公判で、検察当局は何と、児玉の捜査対象となった七二年から七五（昭和五十）年までの〝闇の収入〟を明らかにしている。

　その内訳は七二年分が約一億二千七百万円、七三年分が約二億四千七百四十万円、七四年分が約五億三千四十万円、七五年分が約三千五十万円の計約九億三千五百三十万円に上っている。

　現実にはもっと多額の収入があったはず――という声が関係者の間には強いが、それもそのはず。新聞などで報じられた著名な経済事件だけでも、児玉の名前がチラつく事例がズラリと並んでいるからだ。

　例えば、一九五〇（昭和二十五）年の北海道炭礦汽船の経営陣内紛事件をはじめ、五三年の三井不動産事件や鐘紡《かねぼう》内紛事件、五五年の赤いダイヤ事件に白木屋乗っ取り事件、五六年の新立川《しんたちかわ》航空機株買い占め、五八年の千葉《ちば》銀行不正融資事件、六三年の八王子《はちおうじ》長房《ながぶさ》土地事件、六八年の日本通運不正事件と第二次F－X選定疑惑、六九年の日本《にほん》大学怪文書騒動、七〇年の神戸《こうべ》製鋼内紛事件、七三年の新日鉄《しんにってつ》内紛事件……など数多く存在する。

　このほか、東京・丸《まる》の内《うち》に本店を置き、土木建築工事を請負う東証一部上場の会社である東海興業《とうかいこうぎょう》からも毎月十万円の顧問料とは別に毎年二千万円前後を受け取っていた。

## 次期自衛隊機導入をめぐる攻防

東京地検特捜部は政界への裏工作について、次の三つのルートに分けて捜査した。

①丸紅から直接、田中角栄に五億円が流れたとされる「丸紅ルート」

②児玉誉士夫から小佐野賢治を通じて永田町に裏金がバラまかれたという「児玉ルート」

③全日空から自民党運輸族を中心とした政治家たちに裏工作資金として渡されたと見られる「全日空ルート」

そして、それぞれの資金流通経路や各政治家らの役割と機種選定との関わり方などを徹底的に追及した。

その結果、一九七六（昭和五十一）年六月から丸紅や全日空の最高幹部らを次々と逮捕したうえで、翌七月には前首相の田中角栄、八月には元運輸相（当時）の橋本《はしもと》登《と》美《み》三郎《さぶろう》と元運輸政務次官（同）の佐藤孝行《さとうこうこう》ら国会議員を逮捕するなど、捜査は着実に進んでいたかのように見えた。

政界ではほかに中曽根康弘や二階堂進《にかいどうすすむ》ら十数人の「灰色高官」の存在が浮上し、一《いっ》気呵成《きかせい》に永田町の腐敗構造が一掃されることが期待されたが、捜査は思ったようには進まず、尻《しり》すぼみで終わった。

結局は直接的な職務権限がないことなどを理由に、これらの政治家たちを受託収賄罪で起訴することは出来なかったのである。

つまり、この未曾有《みぞう》の疑獄事件と、世論の支持を背景にした大々的な捜査を以《もっ》てしても、巧みに逃げ切った政治家たちがいたのである。

実は、このロッキード事件の裏側で、防衛庁（当時）の次期対潜哨戒《しょうかい》機導入に絡む汚職疑惑が密《ひそ》かに進行していたとの説があった。

それは、防衛庁の第四次防衛力整備計画などで八二（昭和五十七）年までに海上自衛隊で配備される予定になっていた次期対潜哨戒機について、いかにも不透明な動きが表面化してきたとされるものである。

当初の計画では日本国内の航空産業育成のため、国産航空機を導入するという方向で話が進んでいたのに、田中政権誕生直後の七二年十月、国防会議の議員懇談会は国産化するとの方針をあっさりと撤回し、急遽《きゅうきょ》、再検討することになったわけだ。

そして、唐突な方針転換で審議はスムーズには行われず、国産では納期に間に合わないなど不確かな理由でいとも簡単に当初方針は見送られ、七七（昭和五十二）年十二月にはロッキード社のＰ３Ｃオライオンを導入することが決まってしまったのだ。

この不可解な決定の背景には当然、ロッキード社による政界工作があり、ここでも「我が社の日本における国防省」（コーチャン証言）と呼ばれる児玉誉士夫の名前が浮上した。だが、こうした疑惑には全く捜査の手が及ばず、真相が解明されないまま事件は幕引きとなった。

## 謎の死を遂げたキーマンたち

防衛庁の航空機導入をめぐっては、実は、もう一つ別の疑惑も存在した。ダグラス・グラマン事件なのだが、これもまた、米国で弾《はじ》けたからこそ表面化した疑獄と言える。

米証券取引委員会が一九七八（昭和五十三）年十二月から翌七九年一月にかけて、マクドネル・ダグラス社による日本政府へのＦ４Ｅファントム戦闘機売り込みのための贈賄疑惑と、グラマン社によるＥ２Ｃホークアイ早期警戒機売り込みのための贈賄疑惑を告発したのだ。

告発状によれば、この二社を日本の政界に繋《つな》いだのは総合商社の日商岩井《にっしょういわい》で、岸信介や福田赳夫、中曽根康弘といった自民党の派閥を率いる大物議員たちと防衛庁長官経験者である松野《まつの》頼三《らいぞう》らに少なくとも一万五千ドルの裏金を払ったとされた。

東京地検特捜部もすかさず捜査に乗り出したが、七九年二月にキーマンとされた日商岩井の常務が自殺したこともあり、政界へは届かなかった。

このように民間航空機の機種選定をめぐる疑惑にとどまらず、防衛庁の自衛隊機の機種選定で、ひいては日本の防衛戦略全般に関する商戦で、日本の政界への裏工作、即ち賄賂《わいろ》攻勢が効果的であるという腐食の構図が浮き彫りにされたと言えよう。

ただ、ロッキード事件の捜査は前首相の起訴という形で一応のけじめが付いたように見えたが、真相解明という点では大いに不満であるし、幾つかの疑問点を残したままであることは否めない事実である。

まず、犯行の立証や事件の背景事情の解明に必要不可欠とされたキーマンが何人も自殺したり、謎の死を遂げているという、いかにも不可解な事実である。

田中角栄自身や彼の秘書らの行動をよく知る田中専用車の運転手が自殺し、疑惑の真相を知る立場にあった丸紅の元幹部や運転手らも次々と不審な病死や事故死を遂げていたのだ。

また、現金の受け渡しに関与した人々の証言に微妙な食い違いがあり、検察側の筋書きでは権力者・田中への成功報酬が機種決定から半年後と遅過ぎるし、田中側から催促されてから四回に分けて路上などで支払うなど不自然な点が多く、本当の現金授受は全く違う日時と場所だったのではないかと疑えなくはない。

さらに、田中側はなぜか五億円授受の有無にこだわり、この種の裁判では最も無罪を勝ち取り易い職務権限の有無を重視していない点も不可解である。

弁護側が「五億円はもらったが、通常の政治献金と理解していた」などと主張すれば、法廷戦術次第では無罪の可能性もあったのに、彼らはなぜ、現金の授受に固執したのか。

「五億円の授受は、本当はP３Cに関するものであり、実際の日時や場所などを明らかにすることは米国側、そして、その意を受けた検察側にとって好ましい事態ではなかったということではないか。田中元首相側からすれば『細かいところまで徹底追及したら大変なことになるぞ』と検察当局だけではなく、ロッキードや丸紅など事件関係者、他の政治家らを脅しているのと一緒であり、だからこそ、田中元首相は判決後も『闇将軍』として政界に君臨出来たのに違いない」（司法関係者）

そもそも、この事件は米議会でロッキード社が証言する代わりに訴追されないという司法取引のうえで明らかにした話が端緒になっており、東京地検特捜部も初めから米国側の資料をもとに事件の筋立てを検討していた。

検察首脳が国家体制の根幹である日米安保の聖域に手を突っ込むことを躊躇《ちゅうちょ》していたとしか言いようがなく、捜査の途中でも、ロッキード社の極秘資料が郵便局の誤配がもとで流出するという通常では考えられない事態が起こるなど、随所に〝うさん臭さ〟が漂っていた。

そうした観点から、田中角栄の娘でその後継者を自認していた後の衆院議員、田中眞紀子《まきこ》や、東京都知事だった石原慎太郎《いしはらしんたろう》らがずっと「米政府かＣＩＡが、親中派で自国の国益に反する田中角栄を葬るために仕組んだ事件だ」と批判し、陰謀論を唱えていたのは興味深い。

また永田町でも、田中角栄が日中国交正常化を図るなど中国と接近したり、北海油田などに関心を持ち、日ソ共同開発プロジェクトに向けて動き出すなど、実際に米国離れと思われても仕方がない姿勢を見せたため、それを危険視した米国側が田中に罠《わな》を仕掛けたという米国陰謀説が根強く残っている。

永田町では事件から半世紀近く経った現在でも、「角さん（田中元首相）は米国の虎の尾を踏んでしまったんだ」という会話が時折、平然と交わされていることからも分かるだろう。

このロッキード事件で最大の疑問点はむしろ、永田町に巨額のカネをバラまいたという児玉ルートの解明が不十分だったこと、と言うよりも未解明にしてしまった真の理由だと言っていいだろう。

## 闇社会の結集を求めた自民党

ロッキード事件が発覚後、「疑惑」の真っ只中《ただなか》にいた児玉は「病気」と称して都内の病院に逃げ込んだ。東京地検特捜部の追及をかわし、国会の証人喚問を防ぐため病院側の協力を得てニセの診断書まで用意したと言われている。

最後には彼の病状に疑いを抱いた国会が医師団を派遣したことに対応するため、自ら薬物注射までさせて、疑惑追及を乗り切ったとされる。

早々に児玉の秘書を逮捕するなど全容解明に意欲を見せていた東京地検特捜部は、最初は病状悪化を理由に事情聴取に応じず、応じた後も「失見当識」と称して口を割らなかった児玉の態度に嫌気が差したのか、追及も次第に尻《しり》つぼみとなり、大魚を逸してしまった。

児玉誉士夫とはいったい、どんな人物なのか。

児玉の生い立ちから右翼活動家として活躍するまでの略歴は、第3章で簡単に紹介したが、その後の活動ぶりをお伝えしておこう。

児玉は頭山満が率いる玄洋社系右翼としてスタートし、一九二九（昭和四）年には上杉慎吉・東大教授が設立し赤尾敏が率いていた建国会に参加して天皇直訴事件を起こしたり、大川周明が率いた全日本愛国者共同闘争協議会時代には、国会ビラまき事件や蔵相脅迫事件に関わったとして投獄されたこともある。

三一（昭和六）年に保釈後は旧満州に渡ったり、クーデター事件を起こしたりと散々暴れ回った足跡が残されている。

例えば、児玉は三五（昭和十）年に天行会道場に参加し、創設者の頭山秀三《ひでぞう》らと激しい議論を交わしている。

頭山秀三はアジア主義者の巨頭で玄洋社の総帥である頭山満の三男で、三一年二月に東亜民族を連携させ、武道精神を普及させるために天行会道場を設立。その道場には、「血盟団」事件が起きた三二（昭和七）年頃から国家の改造を目指す愛国の士が集まっていた。

三二（昭和七）年十一月十一日に決起して内大臣の牧野《まきの》伸顕《のぶあき》、宮内大臣の一木《いちき》喜徳《きとく》郎《ろう》らを暗殺する事件を起こそうとし、「帝都暗黒化」などと称していたが、特高（特別高等警察）に検挙された。

その時、数人の刑事に押さえ込まれながら不自由な手で、銃口を心臓に向けて引き金を引く拳銃《けんじゅう》自殺を図ったが、奇跡的に一命を取り留めた。

この事件で懲役四年六ヵ月の実刑判決を受けた児玉は、控訴せずに豊多摩《とよたま》刑務所で服役した。

三七（昭和十二）年四月に仮出所した後、児玉は中国大陸に渡り、国粋大衆党総裁と言うより、後には児玉と並んで右翼の二大巨頭と目された笹川良一の紹介で、上海で「児玉機関」の設立に走ったというから、児玉はまさしく「筋金入りの右翼」と言ってよかった。

四〇（昭和十五）年当時、支那派遣軍総司令部には占領地区や重慶政権に対する思想工作を指導するため思想班が設置され、その責任者は日ソ両国が激突したノモンハン事変で敗北した責任を問われ参謀本部から外されていた辻政信《つじまさのぶ》少佐であり、児玉は占領地区での文化思想運動を行うために辻との連絡役を務めていた。

ところが翌四一（昭和十六）年五月に突然、児玉は陸軍参謀本部命令で日本に帰国させられた。

児玉は身に覚えがなかったが、どうやら児玉が東亜連盟構想で石原莞爾中佐と連絡を取り合っていたことが、石原と意見が合わず仲の悪かった東条英機陸相に嫌われたようで、南京総軍はもとより参謀本部の嘱託に至るまで軍関係の役職などをすべて辞任することになったのだ。

因《ちな》みに、東亜連盟とは石原が提唱する「世界最終戦」思想をもとにした構想で、アジア諸国が互いにその主権を認め合う、政治的な独立性を強調しており、西欧に支配されてきたアジアの諸民族は東亜連盟の呼びかけを好意的に受け止めていた。

だが、東条ら陸軍首脳は、日本軍の帝国主義的な支配をも否定しかねない東亜連盟構想に反対していて、やがて石原は軍を離れることになり、石原の考えを支持していた辻も台湾軍へと追いやられてしまったのだ。

その後、児玉は政治家の口利きで国策団体「興亜同盟」に入り、中国関係を担当する委員に選ばれた。

四一（昭和十六）年は、児玉にとって大きく変身を遂げる重要な年となった。

まず十月十八日に、児玉を軍の仕事から追いやった宿敵とも言える東条英機の内閣が誕生した。児玉は日本国内にいてもやるべきことがなくなったと言って良かった。

同年十一月末、そんな彼に国粋大衆党総裁の笹川良一から声が掛かった。
「海軍航空本部の山県正郷《やまがたせいごう》中将から君に頼みたいことがあるらしい」
そう語り出した笹川は一八九九（明治三十二）年五月四日、大阪府三島《みしま》郡豊川《とよかわ》村で生まれた。

若い頃は日本国内でも有数の曲乗り飛行士だったが、二五（大正十四）年に豊川村村会議員に当選し、ほぼ同時期に大阪・堂島《どうじま》で商品取引を始め、巨万の富を得た。二七（昭和二）年には月刊誌『国防』を創刊し、右翼活動をスタート。三一（昭和六）年に右翼的結社・国粋大衆党を結成し、自ら総裁に就任した。翌三二（昭和七）年には国粋義勇飛行隊を編制して隊長に就任。大阪で我が国最初の防空飛行隊をつくり、陸軍に献納した。

三五（昭和十）年三月、国粋大衆党関東本部に所属する人間が天皇機関説を支持する一木喜徳郎・枢密院議長宅を居合刀を持って襲撃し、実行犯とは別に笹川以下党幹部十数人が別件の恐喝容疑などで逮捕されたが、笹川は共犯の立証が出来ず、無罪になったのが四一（昭和十六）年であった。

児玉は山県中将から依頼を受けて、同年、上海に海軍航空本部の戦略物資調達機関となる「児玉機関」を設立した。

主導したのは、特攻隊の生みの親として知られる同本部の大西瀧治郎少将（当時）で、大西が全面的に後援し実働部隊の責任者に据えたのが、売り出し中の若手右翼・児玉誉士夫であった。

児玉は外務省情報課嘱託という身分で上海で活動していたところを大西に抜擢《ばってき》されたのだが、その後の奮闘ぶりは予想以上のものであった。

何しろ、中国大陸とその周辺に右翼系大陸浪人がゴロゴロいる中で、児玉は、後に大物の右翼フィクサーとして活躍する吉田《よしだ》彦太《ひこた》郎《ろう》や岡村吾一、岩田《いわた》幸雄《ゆきお》ら海千山千の荒くれ男たちを従え、中国の犯罪組織などとも連携しながら物資の略奪や利権の獲得に奔走した。

岡村吾一は後年、自民党政権の依頼で全国の暴力団組織結集に動いた暴力団北星会会長になった人物であり、笹川の側近として国粋大衆党の結成に尽くした藤吉男は一木枢密院議長宅を襲撃したメンバーであるなど、一癖も二癖もある暴れん坊たちが集まった。

戦後、児玉が日本の〝黒幕〟などと呼ばれ、さまざまな事件や出来事の舞台裏に登場するようになったのは、こうした強《したた》かな仲間たちの協力に加えて、上海で集めた大量の貴金属類を終戦のどさくさに紛れて朝日新聞社機で密《ひそ》かに日本に持ち込み、隠匿したからだと言われている。

この莫大《ばくだい》な闇資金が後に、鳩山一郎が日本自由党を結党した際の資金として活用されたことは前述の通りだ。児玉の名前と力が強く政界に及んでいるのは、こうした上海時代に培ったカネと人脈に裏打ちされているからに他ならないのだ。

終戦直後、児玉は笹川らとともにGHQから「A級戦犯容疑者」に指名され、巣鴨プリズンに収監された。後に不起訴となって四八（昭和二十三）年には釈放されたものの、公職追放や団体解散などの処分を受けている。

ところが、GHQの民主化政策の影響で昭和二〇年代前半は日本共産党や左派系労組が躍進し、戦後の焼け跡時代に力をつけた在日朝鮮人グループが台頭したこともあって、反共親米を打ち出した右翼勢力がすかさず勢力を伸ばしてきた。

こうした新しい右翼団体は、戦争遂行派だった戦前の伝統的な右翼組織が消えていったことに加え、五〇（昭和二十五）年に朝鮮戦争が勃発《ぼっぱつ》し東アジアに緊張感が漂ったこともあって力を伸ばし、やがて政界の音頭によって暴力団組織と団結して武闘派地下組織「反共抜刀《はんきょうばっとう》隊」を創設する動きに発展した。

この時は首相の吉田茂の反対で立ち消えになったが、六〇年安保闘争のデモ隊が全国各地で暴れ回る中で六〇（昭和三十五）年に米国大統領のアイゼンハワーが来日することになり、一万五千人の警察警備だけでは心もとないと判断した自民党安全保障委員会は、首都圏の暴力団組織を結集し右翼市民運動に偽装して、改定日米安保条約締結反対のデモ隊を蹴散《けち》らす方針を決定。そこで暴力団組織や右翼団体の取りまとめを依頼されたのが児玉だった。

保釈後の児玉はGHQや巣鴨仲間の岸信介らに食い込み、上海からこっそり持ち帰った闇資金やGHQの一部と組んで密輸などで儲《もう》けた裏金を使って政財界に強大な影響力を持つようになっていた。

さらに上海時代の仲間たちが暴力団や右翼組織を率いるなど顔役になっており、暴力団北星会の会長となった岡村吾一を通じて錦政会（現・稲川会）や住吉一家など関東を代表する親分たちが瞬く間に集まり、三万人余を動員するまでに膨らんだ。

一方、右翼団体は「全日本愛国者団体会議」（全愛会議）として結集した。

結局、警備上の不安を理由にアイゼンハワー来日そのものが中止となり、この勢力結集は実らなかったが、全愛会議は六五（昭和四十）年ごろには結成当初の五倍に当たる四百団体以上が集まり、名実ともに日本の右翼の統一組織に発展した。

児玉はその後、二十八団体からなる「青年思想研究会」を結成し、七〇年安保闘争がピークを迎えた六九（昭和四十四）年に全愛会議を脱退すると、軍事訓練などを行って左翼系学生運動家らを襲撃するなど活動を過激化させていった。

また、暴力団については当初、全国の有力組織を「東亜同友会」という組織にまとめようとしたが、山口組など西日本の組織がまとまらずに失敗し、六三（昭和三十八）年に関東の組織だけを集めて、約一万四千人からなる「関東会」を結成した。

闇社会の大同団結を目指した児玉の目論見《もくろみ》は道半ばで頓挫《とんざ》した形だが、それ以降、稲川会が児玉支持でまとまったのをはじめ、こうした動員力が彼を大物フィクサーの座に押し上げることに繋《つな》がったという事実だけは間違いないところだろう。

## ロ社の秘密代理人として

朝鮮戦争勃発をきっかけに再軍備の道を歩み始めた日本では、一九五四（昭和二十九）年に自衛隊が正式に発足し、多額な国家予算を投入して強大な〝軍隊〟を作り上げていくことになった。

それだけにロッキード社は政界への裏工作の重要性を痛感し、ますます児玉の力を頼りにしていくことになる。実際、彼は五〇年代半ばごろには、全日空から防衛庁まであらゆる航空機の機種選定に絡む疑惑に姿を現すようになった。

前出のロッキード社の会計監査人は「児玉には六〇年代から仕事をしてもらっている」と証言したが、五八年の第一次防衛力整備計画における次期戦闘機機種選定の際も、児玉の名前が既に登場している。

この時は、既に内定していたとされるロッキード社のＦ１０４スターファイター機が、岸信介政権誕生直後にグラマン社のＦ11Ｆ機に変更され、岸政権側に一千万ドル（当時約三十六億円）余の賄賂《わいろ》が渡されたとの疑惑が浮上した。

これは児玉とは関係なかったが、今度は自民党総務会長の河野一郎がこの決定に横やりを入れ、再びロッキード社のＦ１０４機に逆転決定されている。

この時にロッキード社側の秘密代理人として暗躍したのが児玉と言われ、既に年間一千万円近い契約金が支払われていたとの説もあった。また、児玉とロッキード社の繋がりはさらに古くからあったと見られている。

結局、これらの疑惑は何一つ追及されないまま、うやむやに終わった。

ロッキード事件の捜査の過程で明らかになった同社資料を見ると、六九年に児玉との間に秘密代理人としての契約書が交わされたとの記録が残っている。

児玉との間で交わされた七三年の同契約書には《年間コンサルタント料五〇〇〇万円。防衛庁へのＰ３Ｃ対潜哨戒《しょうかい》機五〇機以上の売り込みに成功した場合には成功報酬が二十五億円》などと記され、破格な金額の契約だったことが分かっている。

ロッキード事件の背後には、日米両政府の中枢にいる政治家たちと米軍産コンツェルンが結託し、日米間の安全保障体制と利権の構図を温存しようという強い意志が働いていたと考えていいだろう。

そして、おそらく彼らにとって目障りだった田中角栄一人に責任を取らせ、疑惑には蓋《ふた》が閉じられたのだ。

こうした流れはその後も続いていて、八七（昭和六十二）年にもほぼ国産化することが決まっていた次期支援戦闘機機種選定が、米国の強硬な圧力によって米国機を基本とする日米共同開発に変更されている。

即ち、米国は戦後一貫して自国の主幹産業である航空産業について、日本が独自に育成することを許さなかった、ということである。

当初、ロッキード社の求めに応じて児玉の通訳を務めた日系二世の元米軍将校・福田太郎は、怪しげな日系二世人脈を使って、その後も暗躍したが、事件の最中の七六（昭和五十一）年に急死する。

彼には児玉に渡すと称して多額のカネを着服した疑惑もあり、彼が入院して治療を受けていた病院は、児玉のニセ診断書を発行し、彼に薬物注射した場所であることから、その死にも疑念があるという。

もはや戦後は遠くなり、関係者も世代交代して久しいが、疑獄が解明されない実態だけは全く変わっていない。


児玉は七六年三月、八億五千万円を脱税した罪で起訴され、ついに七月二十七日には、田中角栄がロッキード社から五億円を受領したとする外国為替及び外国貿易管理法（外為法）違反で逮捕された。

児玉の起訴事実は、ロッキード社からコンサルタント料十億二千八百五十万円を受け取りながら、所要の許可を受けなかったという外為法違反と、総額十九億一千九百五十万円を脱税したという所得税法違反であった。

児玉は公判でロッキード社から受け取った金の一部六億円は認めたが、成功報酬については否認し、政界工作については一切、証言しなかった。

八一（昭和五十六）年三月の論告求刑公判で、児玉に対して懲役三年六ヵ月、罰金七億円が求刑された。

判決の言い渡しは同年十一月に行われる予定だったが、児玉の病気を理由に延期となり、八四（昭和五十九）年一月十七日に児玉が死んだことで公訴棄却となった。

児玉は「事実は俺しか知らないが、黙っていれば済むことだ」と語り、事件の真相を墓場まで持っていったのだ。

## ロッキードを食った「刎頸の友」

　ロッキード事件のもう一人の主人公――それが田中角栄に「刎頸《ふんけい》の友」と呼ばれた小佐野賢治である。ここでは小佐野について簡単に触れておこう。

　小佐野は一九一七（大正六）年二月十五日、山梨県東山梨《ひがしやまなし》郡山《やま》村という名のいかにも鄙《ひな》びた田舎の山村で、長男として産まれた。後に「刎頸の友」と言われるようになる田中角栄より一歳上の〝兄貴分〟であった。

　わずか五反歩ばかりの小作農だった実家は貧しく、母が蚕の繭を鍋《なべ》で煮て糸を紡いで、生糸を織り、絹織物に仕立て上げ、それを父親が行商で売り歩いていたという。

　貧乏人の子だくさんで一家は八人。頭が良く算術が得意で体力にも自信があった小佐野は三一（昭和六）年九月、地主の長男が東京・本郷《ほんごう》で経営していた商事会社に入社。運送会社やタクシー会社に自動車部品などを自転車で配達する仕事に就いた。

　そこで三年間、業務はもとより経理や経営について学んだ小佐野は、東京・浅草《あさくさ》の自動車部品会社に引き抜かれ、仕事全般を任されるようになった。

当時の同僚らによると、小佐野は最初に入った商事会社が全国各地に持っていた得意先を訪ね歩き、次々と安売りして自分のものにしていったという。

事実上、経営を任された自動車部品会社は大儲《おおもう》けしたのだが、一年後に何と、謎の倒産をしてしまった。

二十歳で徴兵検査を受け見事、甲種合格を果たした小佐野は「出征すれば生きて帰れるか分からないから」と、両親のために木造二階建て約二百平方メートルの立派な一軒家を建て、その生活ぶりも見違えるほど豪勢になったため、周囲の関係者からは「会社を計画倒産させて、残った資金を独り占めしたらしい」との噂が立ったほどである。

小佐野は三八（昭和十三）年五月、陸軍の支那駐屯歩兵第一連隊第七中隊に配属され、中国・徐州《じょしゅう》に出発したが、半年も経たないうちに胸の痛みを訴え、中国・湖北《こほく》省の野戦病院に入院し、十二月には内地送還されている。

出征前に友人に「お国のために死ぬなんて馬鹿げたこと。必ず内地に帰って商売を成功させるぞ」と明かしていたと言われる小佐野だけに仮病説も飛び交ったが、十二月十五日に広島港に帰ってきたのだ。

小佐野は四一（昭和十六）年四月、二十四歳の若さで東京・芝《しば》に資本金十五万円の自動車部品会社「第一商会」を設立した。

同年十二月に太平洋戦争が始まり、自動車部品が軍需品に指定されたこともあり、小佐野は地元・塩山《えんざん》出身の政治家で異母兄に商工大臣を務めた小林一三《こばやしいちぞう》を持つ田辺《たなべ》七《しち》六《ろく》代議士を後見人にして軍需省に食い込んだ。

二年後に中佐待遇で軍需省機材課の民間嘱託となった小佐野は、陸軍省内部の人間に賄賂を贈るなど深いコネをつくり、無給で国に尽くしているとの立場を利用し、再び戦場に赴くこともなく、ひたすら金儲けに専念出来た。

しかも小佐野は、政府が軍需会社に発注する時に、発注額の四分の三まで購入金を前払いしても構わないという前渡金制度を利用し、自動車部品を安く買い叩《たた》いて月二百万円以上も儲けたと言われている。それは使途を公表しなくていい別建ての軍事予算であったから、笑いは止まらなかった。

小佐野は田辺の紹介で東急グループ総帥の五島慶太と会い、四五（昭和二十）年十二月二十五日、箱根の強羅《ごうら》ホテルを即金で言い値より高い五百五十万円で購入した。そして、そのホテルをすかさず「米兵の休息の場にして下さい」とＧＨＱに無料で提供した。

戦時中は散々日本軍相手に旨《うま》い汁を吸った小佐野が、今度は米軍に媚《こ》びるという政商ぶりを遺憾なく発揮した。

また、小佐野は五島からバス会社「東都《とうと》乗合《のりあい》自動車」を買い取ると、これまた米兵をキャンプから観光用のホテルまで運ぶバスとして利用した。

そんな小佐野が田中角栄と出会ったのは四九（昭和二十四）年三月、終戦後の物資隠匿などの罪で収監されていた横浜刑務所を出所した頃である。

田中角栄は一八（大正七）年五月四日、新潟県刈羽《かりわ》郡二田《ふただ》村で生まれ、高等小学校卒業後に上京し、土木建築の専門学校に通って勉強した後、田中建築事務所を開設。四二（昭和十七）年に結婚して翌四三年に田中土建興業を設立した。

田中は衆院議員選挙に一度落選し、四七（昭和二十二）年四月の総選挙で新潟三区から立候補し、初当選した。

二人を結びつけた正木亮《まさきあきら》弁護士は「小佐野さんは事業家として、田中さんは政治家として、共に一筋の道を進みなさい」と激励したという。

小佐野は、五〇（昭和二十五）年六月に朝鮮戦争が勃発《ぼっぱつ》すると素早く韓国内の米軍基地にバスを入れ、横田《よこた》や岩国、厚木など日本国内の米軍基地内にもバスを走らせるなどカネ儲けに意欲を燃やした。

同年十一月に田中角栄が社長に就任した新潟県長岡《ながおか》市の「長岡鉄道」は、その後、「栃尾《とちお》鉄道」、「中越《ちゅうえつ》自動車」の二社との合併話に発展するのだが、そこに登場するのが小佐野と五島慶太の連合軍であった。

当時の事情に詳しい元新潟証券取引所関係者の話によると、五八（昭和三十三）年秋に中越自動車株の買い占めが始まり、防戦買いに出た同社側が見つけた資金援助者が何と、よりにもよって小佐野であった。

中越自動車側は買い集めた自社株を小佐野に渡し、その株は東急の五島に渡った。そして、東急は握った株を田中角栄に売却したのだ。

かくして乗っ取りはまんまと成功し、六〇（昭和三十五）年十月、三社が合併して資本金五億七百五十万円、従業員一千七百人の「越後《えちご》交通」が誕生した。

会長の席には田中角栄が座り、社長には五島慶太の右腕で東急電鉄常務だった田中《たなか》勇《いさむ》が就いた。「中越自動車」の社長は役員の座から外され、代わりに小佐野が取締役に就任した。

その後も小佐野は、箱根の富士屋ホテルをはじめ、西武鉄道、日本航空など数多くの企業株買い占めに乗り出した。その多くに横井英樹が絡んだ売買合戦があったのは事実であり、二人の激闘が全国各地で企業買収へと発展した。

「ホテル王」から「観光王」「航空王」を目指した小佐野は六〇（昭和三十五）年十一月、「山梨交通」の株を買い占めて買収。続いて長野県諏訪《すわ》市の「諏訪自動車」、松《まつ》本《もと》市の「松本電鉄」を次々と獲得し、念願だった自社バスだけで太平洋から日本海まで走るという野望を叶《かな》えた。

また、ハワイなど海外にも盛んに進出を果たし、六〇年代に入ると、東北への進出を企て始めた。

まず、六二（昭和三十七）年、秋田県大館市の「秋北バス」を買収。系列会社である「丸善タクシー」も手中に納めた。

七年後には「十和田観光電鉄」を買収し、その翌年は「岩手中央バス」を手に入れた。「岩手中央バス」は県による救済要請にもかかわらず、西武、東急、三菱などの大手は経営状況の酷《ひど》さを理由に受けず、さすがの小佐野も躊躇《ちゅうちょ》する案件であった。

そこに斡旋《あっせん》という形で介入したのが官房長官や厚生大臣などを歴任した地元選出の大物政治家、鈴木《すずき》善幸《ぜんこう》であったという。

そんな小佐野が「政財界の闇」に巻き込まれて惨敗を喫したのが、ロッキード事件であった。

ロッキード社副会長であったコーチャンが児玉と共に最初に小佐野に会ったのは、七二（昭和四十七）年七月、国際興業本社でのことだった。

コーチャンが後日、Ｐ３Ｃの売り込みを要請すると、小佐野は了解しつつも追加報酬を要求したという。

はっきり言って、小佐野は晩節を汚したと言っていいだろう。少なくとも、彼の晩年は寂しいものであったことは間違いない。

カネと地位が手に入った小佐野は、最後の望みである名誉として帝国《ていこく》ホテル会長の座を欲しがった。

そこで全三千万株のうち約六パーセントに当たる約百八十万株を有し、四番目の株主にまでのし上がってきた。が、帝国ホテル側も第一勧業銀行など大株主の協力を得て防戦に努め、なかなか決着が付かなかった。

この時小佐野が取った手段は極めてあくどいものであったと言われる。女優で人妻でもあったＭを帝国ホテルの会長に接近させたうえに、児玉に連なる右翼がスキャンダルとして脅しをかけて、会長が持っていた約二百五十万株を手に入れ、筆頭株主に躍り出たのだ。

かくして小佐野は八五（昭和六十）年六月、念願の帝国ホテル会長に就任した。

しかし、小佐野の栄華は長く続かなかった。

田中角栄政権の誕生が小佐野のピークとすれば、その後すっかり有頂天になって、「田中総理は俺がつくったんだ」が口癖となり、田中事務所に入り浸り、田中に電話を掛けて何でも頼むなどやりたい放題。ロッキード事件発覚を境に坂を転げ落ち、国会の参考人招致では「記憶にございません」の迷セリフを連発（二度目の参考人招致は病気による入院を理由に欠席）し、挙げ句に東京地検特捜部の事情聴取と家宅捜索を受けた。

そして、小佐野は議院証言法違反で起訴され、一審で懲役一年の実刑判決（二審では懲役十カ月、執行猶予三年の有罪判決）を受けて、最高裁に上告中の八六年十月二十七日、癌で六十九歳の生涯を閉じていた。八五（昭和六十）年二月、田中角栄は脳《のう》梗塞《こうそく》で倒れて入院し、二度と国会の赤絨毯《じゅうたん》を踏むことはなかった。

児玉誉士夫は前年の八四（昭和五十九）年一月十七日に死亡していた。

昭和が平成に替わったのは、小佐野の死から二年余り後のこと。まさに昭和と共に歩み、幕を下ろした「政商」らしい小佐野の劇的な最期であった。

## 次世代の政治家が潰れたリクルート事件

ロッキード事件で時の権力者・田中角栄を有罪に追い込んだものの、事件の真相解明には至らず、「闇将軍」として後も権力を持ち続けることを許してしまった検察当局は、田中の物凄《ものすご》いパワーと無言のプレッシャーに屈し、その後十年余にわたって、ロッキード裁判を全力を挙げて闘わなければならなくなってしまった。

そのため、新たに大がかりな疑獄事件の捜査に着手出来ない日々が続くなど、特捜検察苦難の時代を迎えている。

その検察当局が十数年ぶりに着手した大型疑獄事件が、一九八八(昭和六十三)年に突如として火を噴いたリクルート事件であった。

東京地検特捜部は久々に、政治家や高級官僚らの事情聴取を行い、家宅捜索をはじめとする証拠集めに奔走した。

「リクルート事件より前に、八六年に東京地検特捜部が摘発に乗り出した旧平和《へいわ》相互《そうご》銀行の特別背任事件があるじゃないですか。汚職事件ではないかも知れませんが、竹下政権を揺さぶった事件だし、後にイトマン事件など大型経済事件に繋《つな》がる重要犯罪の一つでしょう」

　そんな声が司法関係者から聞こえてくるが、果たしてそうだろうか。

旧平和相銀事件に対する検察当局の姿勢ははっきり言って及び腰であったし、むしろ疑惑を揉《も》み消したと言われても仕方のない捜査しかしていないので、私は疑獄事件に入れていない。

　意外なことにリクルート事件の火蓋《ひぶた》は八八（昭和六十三）年六月、川崎《かわさき》市の助役に対する一億円利益供与疑惑の発覚によって切られた。

「リクルート」社が、店頭公開すれば値上がりが確実といわれるグループ企業「リクルートコスモス」社の未公開株を、株式公開直前に譲渡することで相手に大儲《おおもう》けさせる計画だったという。

　言い換えれば、変則的な贈賄の手口として有望な株券を関係者に配っていたことが発覚。その規模は単なる川崎市の汚職事件レベルどころではなく、竹下登《たけしたのぼる》、中曽根康弘、宮澤喜一《みやざわきいち》といった後の首相経験者の大物を含む大勢の政治家にバラまいており、戦後有数の大疑獄事件に発展した。

　まず、この事件で度肝を抜かれたのは、国会での〝爆弾質問男〟として知られる社《しゃ》会民主連合《かいみんしゅれんごう》の衆院議員、楢崎弥之助《ならざきやのすけ》に対して、「コスモス」社社長室長が現金五百万円を渡し、国会での質問封じを働きかける姿がビデオで隠し撮りされ、九月五日に日本テレビ系で放映されたことだろう。

いくらビジュアル化時代とはいえ、絶対に見ることがない本物の贈賄現場シーンに国民は興奮し衝撃を受けて、烈《はげ》しい嵐のようなリクルート批判が湧き起こった。

この事件は「リクルート」社元会長の江《え》副《ぞえ》浩正《ひろまさ》が、就職情報を中心とした出版事業から不動産業、そして総合的な通信・情報産業を核とした巨大企業に発展させるため政財界への働きかけを強化。そのために、与野党の有力政治家や、本業の監督官庁である労働省（当時）と文部省（同）の高級官僚たち、通信業界最大手のＮＴＴを中心とした業界関係者に、八六（昭和六十一）年ごろから「コスモス」の未公開株約七十万株を大量に譲渡したというものだ。

東京地検特捜部の調べによると、これらの株を譲渡された政官界の有力者は百人余に上る。当時現職の首相だった中曽根康弘が圧倒的に多くて二万九千株（秘書名義を含む）を得ており、次いで安倍晋太《しんた》郎《ろう》や竹下、宮澤ら次期首相候補と現職官房長官の藤波孝生《ふじなみたかお》が一万数千株に上った。以下、渡辺《わたなべ》美《み》智《ち》雄《お》や加《か》藤紘一《とうこういち》、森喜朗《もりよしろう》ら派閥領袖《りょうしゅう》クラスらがズラリと続き、政治家は野党議員や秘書名義も合わせ四十（起訴は二十）人以上に上った。

このほか、官僚は文部、労働の各事務次官クラスまで登場。ＮＴＴも会長の真藤《しんとう》恒《ひさし》ら上層部が揃っていた。

マスコミの報道合戦も、十月の社長室長逮捕以降エスカレートの一途を辿《たど》り、十二月に宮澤が蔵相辞任、真藤の会長辞任、さらに法相、経済企画庁（当時）長官辞任と続いた。翌年二月には江副逮捕、三月にはＮＴＴ会長や次官二人が逮捕されて、ピークに達した。

そして、首相に就任したばかりの竹下が四月に退陣表明し、いよいよ政界汚染の摘発かと期待されたが、多くの大物政治家の名前が乱れ飛んだ割に、結局は藤波ら二人が在宅起訴されただけで、疑惑の追及は終わってしまったのだ。

明らかに真の巨悪はほかにもいたし、少なくとも中曽根、竹下という二代にわたる首相は「秘書がやった」で済まし、巧みに逃げ切ってしまったのだ。

政権退陣や議員辞職などの政治的制裁を受けたからと言って、捜査打ち切りとなっていいのか。何ら法律的なお咎《とが》めを受けなくてもいいのだろうか。

江副から政界へは少なくとも数億円、実際は数十億円が流れたと言われたが、それらのカネはどこに消えてしまったのか。

「リクルート」社の幹部たちの間では、五十人近い政治家への「裏献金リスト」が備えられ、多額の現金が渡されていた実態が囁《ささや》かれていたのだが、特捜部はその「裏献金リスト」の押収に失敗し、結局、カネの流れははっきりとしていないままで終わったのだ。

また、リクルート事件と言えば、必ず登場する謎の出来事が、竹下が退陣表明した翌日の八九（平成元）年四月二十六日に金庫番の秘書が自殺したことだ。三年後には地元・島根でも金庫番だった秘書が謎の自殺を遂げており、彼ら側近たちの死が竹下の政治生命を救ったことは間違いない。

ほかの疑獄事件でも同じなのだが、この事件においても竹下が曲がりなりにも摘発を受けず政治家を続けてこられたのは、重要な鍵《かぎ》を握る人物たちの「死の奉公」があったからと言っていいだろう。

戦後の疑獄事件の真相がなかなか解明されない原因の一つに、こうしたキーマンたちの自殺や不審な死があることを書き留めておきたい。

## 吉田茂が仕掛けた汚職疑惑

もっとも検察当局の追及が不発に終わり、政治家らが逃げおおせてしまう例は、昔から山ほどある。事件の完全解明は望むべくもないが、まずまず解明出来たと思われる汚職事件の捜査を挙げることさえ難しいと言わざるを得まい。

戦後初めての本格的な疑獄事件は一九四八（昭和二十三）年四月、衆議院の不当財産取引調査特別委員会が取り上げたことで火が付いたとされる贈収賄事件の「昭電疑獄」であろう。

戦後の復興費用を低利で貸し付けるために設立された政府系金融機関「復興金融公庫」から有利な融資を引き出そうとして昭和電工《しょうわでんこう》が多くの政治家や高級官僚らに賄賂《わいろ》を贈った事件で、警視庁は六月、昭電社長の日《ひ》野《の》原節三《はらせつぞう》を贈賄容疑で逮捕したのを皮切りに、十月までに当時の大蔵省主計局長で後に蔵相や首相を務める福田赳夫や、経済安定本部長官の栗栖《くるす》赳夫《たけお》、前副総理で社会党幹部の西尾末広らを六十四人も逮捕・検挙した。

終戦後の混乱期には多くの汚職事件が起きているが、この事件は逮捕者数はもとより、政官界への影響などを見ても群を抜く大事件だった。

副総理だった人物が逮捕されたことで、芦田均政権は総辞職に追い込まれることになったのだが、十二月には、今度は前総理の芦田までが逮捕され、政治の世界から完全に姿を消した。

もっとも、起訴された政治家らの大部分は、後の裁判で無罪判決を得ていて、日野原ら数人だけが有罪という、政権が倒れるという大汚職事件にしては何とも情けない結果に終わっている。

唯一ほくそ笑んでいた人物は、次の総理の座に就いた吉田茂だけと言っていいだろう。

それもそのはずで、この事件の絵図を描いたのは吉田と、彼の側近で終戦連絡事務局次長の白洲《しらす》次郎《じろう》、そしてＧＨＱの情報機関とされるＧ－２（参謀第二部）部長で少将のチャールズ・ウィロビーだと言われている。

そして、実際の工作活動はＧ－２直属の反共工作秘密機関「キャノン機関」が主導し、その傘下でさまざまな地下工作活動に当たっていた日本人エージェントの「矢板機関」と、何と国警本部が関わっていたというから、これこそ謀略活動以外の何物でもあるまい。

「矢板機関」は上海で陸軍の物資調達などを行っていた矢板玄が社長を務める会社「亜細亜産業」を中心とするグループであり、右翼の大物・三浦義一と親しく、その紹介でＧ－２に出入りするようになった。

この「矢板機関」には当時、三浦や児玉誉士夫、笹川良一といった大物右翼から、吉田茂、岸信介、佐藤栄作ら政府・自民党首脳、社会党幹部の西尾末広や共産党幹部の伊藤律まで、多種多彩な人々が出入りし、「緊張感あふれる政治サロン」と化していたという。

彼らの狙いは当時、ＧＨＱの中で最も権限を持っていたＧＳ（民政局）次長のケーディスだった。

彼はＧＳを事実上動かしている実力者で、「復興金融公庫」を指導・監督する立場から日本の復興資金を自由に操っており、昭和電工も接待攻勢や賄賂漬けを狙った相手だった。

そのため汚職疑惑が浮上してきたのだが、本来ならＧＨＱという日本の警察ではどうすることも出来ない相手だったはずである。

しかし、ウィロビーはライバルのケーディスを、吉田は政敵の芦田を、そして元昭電社員の矢板は恩義のある創業者一族の敵の日野原を失脚させるために、この陰謀に加担したと言われている。

肝心のケーディスは何とか逮捕こそ免れたものの、金銭的な不祥事に加え、元子爵夫人との不倫スキャンダルが暴露され、反共保守派のロビイストらの手によって米国のメディアで取り上げられ、〝集中攻撃〟を受けてしまった。

そのことが災いとなって、ケーディスは翌四九（昭和二十四）年五月に更迭されており、皮肉にも〝数少ない成果〟の一人になったのである。

# 第5章　政界のドンが転落

## 佐川急便事件を引き起こす

一九九〇年代のマネー疑惑のほとんどが〝政界のドン〟と呼ばれた自民党副総裁の金丸信《かねまるしん》絡みの話であった。そして、この「永田町の寝業師」の異名を持つ強《したた》かな男との攻防戦こそが疑獄事件解決の鍵《かぎ》となった――と称しても、決して過言ではないだろう。

まずは、一九九一（平成三）年春に発覚した佐川急便《さがわきゅうびん》事件だ。

政界から芸能・文化・スポーツ界まで幅広い分野のタニマチとして知られた東京佐川急便社長の渡辺広康《わたなべひろやす》から、主に債務保証を行う方法で数千億円もの莫大《ばくだい》な資金が流出したといわれる乱脈債務保証事件のことである。

東京地検特捜部は翌九二（平成四）年二月十四日、渡辺ら四人を特別背任容疑で逮捕し、同社の巨額な不正経理にメスを入れた。

政界への闇献金も三十億円近くに達したとされる前代未聞・空前絶後の大マネースキャンダルであったが、既に回収不能となっている資金の大半は暴力団稲川会とその周辺に巣くう闇の紳士たちの手に渡っていた。

検察当局が注目したのは永田町に流れた闇献金の行方で、渡辺は取り調べに対して元首相ら十二人の政治家の名前を口にした。

東京地検特捜部は、その中から受領額が五億円と圧倒的に多かった金丸に焦点を絞り、徹底的に捜査した。ほかには便宜供与が直接的で非常に分かり易かった新潟県知事の分を突破口として事件にしただけで、金丸への捜査に集中した。

この〝政界のドン〟をめぐる攻防戦は熾《し》烈《れつ》を極めた。

金丸側は九二年八月、「九〇（平成二）年二月の総選挙の際、渡辺側から献金の申し出があり辞退したが、事務所に五億円が届いた」と弁明し、金銭の授受を認めて自民党副総裁を辞任した。

前述したリクルート事件をはじめ、これまでの疑獄事件の〝前例〟からすれば、この辞任で金丸は逃げ切れるはずだったが、検察当局は何とか金丸を起訴に持ち込み、法廷の場に引きずり出そうと考えた。そして、そのためには何よりも世論を味方に付けるのが得策であるとの考えに行き着き、金丸の悪行ぶりを盛んにマスコミにリークし始めた。

その第一弾が、金丸が支えてきた元首相の竹下登に対する「日本皇民党」による〝ほめ殺し〟の真相と稲川会への解決斡旋《あっせん》要請という裏工作の暴露、であった。

この皇民党事件とは当時、長期にわたった中曽根政権の退陣に伴い、ポスト中曽根の座を安倍晋太郎、宮澤喜一と争っていた竹下に対して、香川県内に拠点を置く右翼団体「日本皇民党」が街頭宣伝車を差し向けて、「次の総理は、金儲《かねもう》けのうまい竹下さんを！」などと大声で〝ほめる〟ことで嫌がらせを行う〝ほめ殺し〟説法を大々的に展開したものだった。

困り切った盟友を助けようと金丸が渡辺に相談し、渡辺から稲川会会長の石井進《いしいすすむ》に話が行き、石井の説得で皇民党が説法を止めたという一件である。

このトラブル処理をめぐる〝貸し借り〟がもとで、東京佐川急便は稲川会に食い込まれ、岩間《いわま》カントリークラブ事件や東急電鉄株の買い占めに走った石井に湯水の如《ごと》くカネをつぎ込む羽目に陥り、巨額の乱脈債務に繋《つな》がっていったのだから、これこそマネー疑惑の原点とも言える事件と言えよう。

この皇民党事件では、自民党総裁選前の八七年六月から八月にかけて、金丸だけでなく、後に首相になった小渕恵三《おぶちけいぞう》や幹事長を務めた梶山静六《かじやませいろく》の代理人、やはり総理の座を射止めた森喜朗、〝政界の暴れん坊〟の異名を誇った浜田《はまだ》幸一《こういち》ら四人の政治家本人から渡辺を通じて石井側に仲介の話が持ち込まれたという。金丸や竹下をはじめ永田町の憂鬱《ゆううつ》がヒシヒシと伝わってくるようである。

そして、金丸が三十億円、森は二十億円を提示してトラブルの解決を図ろうとしたことを明らかにした皇民党総裁の参考人調書が、渡辺の裁判の席で暴露され、世に衝撃を与えた。

この〝ほめ殺し〟がなぜ起きたのかを探っていくと、表向きは「竹下は恩人の田中角栄（元首相）を裏切ってけしからん」という動機が出てくる。

実際、皇民党から「竹下を田中邸に謝罪に行かせろ」と要求され、竹下は田中邸を訪問したものの、けんもほろろに追い返されている。しかし、これはあくまで表向きの話であろう。

皇民党事件の奥は深く、たとえば総裁の稲本虎翁は関西の闇社会とも交流があり、旧平和相銀事件に関わったとされる面々とも繋がっていたため、本当の狙いは旧平和相銀事件の周辺にあるとの見方も根強い。

また、稲本と竹下の共通の知人とされた山口組系白神組組長の白神英雄は、後にサイパンで射殺されており、政界と闇社会を繋ぐ地下水脈の中に事件の真相が隠されているのではないかと言われたが、完全解明には程遠い結果に終わった。

さて、金丸をはじめとする永田町の動きが、世間から「国会議員が問題解決を暴力団に依頼するとは何事か」と総スカンを食い、さすがにドン・金丸も政治資金規制法違反を認める上申書を特捜部に提出せざるを得なくなった。

金丸は後に略式起訴され、わずか二十万円の罰金を納付するだけの微罪に終わったが、彼の権威は失墜し、九二（平成四）年十月十四日、衆院議員を辞職した。


金丸が議員辞職したことで一応、〝政界のドン〟との戦いに勝利したことになった東京地検特捜部だった。

しかし、このまま終わってしまったら、金丸の五億円以外は佐川マネーの行方が何も分からなかったのと同じ（金丸の五億円についても、受領を認めた上申書を提出しただけで事情聴取が出来ていないため、カネの使途などは何も分かっていないのと同じ）である。

渡辺は特捜部の取り調べに対し、金丸を含め十二人の政治家にカネを渡したことを自供しており、政界に流れた佐川マネーは二十数億円近くに上っていることが分かっている。そうした〝黒いカネ〟の流通ルートや使途を解明出来なかったので、この事件を解決したことにはならなかったのだ。

そして、それらの解明に立ちふさがったのが当の政治家と、その周囲に群がる政界ヤクザの面々なのである。

## 金丸事務所にあったワリシンと金塊の山

ところで、稲川会をはじめ闇社会に流れたという数千億円とも言われるカネの行方はいったい、どうなっているのか。

前述したように、稲川会が佐川マネーを使って東急電鉄株の買い占めを行っていたことなど使途の一部は明らかになっているが、捜査の手はそこにも届いておらず、ましてその先に何があったのかは、まさに闇の中であった。

東京地検特捜部は一時、その巨大な闇の一端に触れかかったことがある。

一九九三（平成五）年三月六日に所得税法違反容疑で金丸を逮捕した時がそうだ。

そもそも捜査の発端は、「金丸周辺が日本債券信用銀行を舞台に巨額な不正取引を行っている」との情報提供があったためで、金丸の悪行を世に知らしむる作戦の第二弾といった色彩が強かった。

ところが蓋《ふた》を開けてみれば、金丸は特捜部の予想をはるかに上回る総額七十億円にも上る不正蓄財を成しており、図らずも、永田町の巨大な闇の一端にメスが入った瞬間であったわけだ。

直接の逮捕容疑は、八七（昭和六十二）年から八九（平成元）年の三年間にわたり、十八億五千万円の闇献金を隠して脱税したというものだったが、この事件で世間が仰天したのは金丸事務所の捜索で発見された巨額な隠し財産であった。

金丸事務所の大金庫の中には現金四千五百万円のほかに、額面三十四億三千万円に上る「ワリシン」（日本債券信用銀行の無記名割引債）が山のように積まれていたのだ。

この脱税事件を審議した裁判における冒頭陳述によれば、これらの隠し資産は、主に大手ゼネコン十八社や地元山梨県の建設業界からの闇献金が中心だというが、これら田中角栄から引き継いだ巨大な土木・建設利権こそが、優に百人を超すとされた経《けい》世《せい》会（竹下派）の議員を率いて長年にわたり政界に君臨してきた原動力となっていたことは明白だろう。

この金丸事務所の家宅捜索ではもう一つ、衝撃的な事実が明らかになっていた。

事務所の奥深くにあった隠し金庫の中から、燦然《さんぜん》と黄金色に輝く八〇キロもの金塊（時価約一億円相当）の山が発見されたことである。しかし、それ以上に驚きだったのは、その金塊の一部が、実は無刻印のインゴット（金の延べ棒）だったことであった。

無刻印のインゴットとは、いったい何か。

インゴットは世界中の金市場で流通する資産だが、本物の金であることを証明するために、すべてロンドン金市場公認の精錬業者の刻印が刻まれており、基本的に無刻印のものはモグリ、つまり、アジアにおいては主に北朝鮮が作ったものだと言われている。

金丸がその金塊を大量に持っていたということは、以前から交流が深いとされていた北朝鮮から、何らかの見返りに得たものではないかとの疑惑が生じてくる。金丸側は夫人が財テクで買い集めたものと主張しているが、真偽の程は誰の目にも明らかであろう。

この金丸の北朝鮮利権に関しては、ニセ金塊の入手ルートや、金丸の跡を継いだとされる加藤紘一の疑惑を含めて、後に詳述したい。

政治家なら誰もが一度は志すとされる総理の座を目指す気がないどころか、副総裁や幹事長などの自民党の重責は担ったものの、衆院議長などの名誉や権限のある〝公職〟には一切就かないまま、「永田町のキング・メーカー」とも呼ばれた金丸は、痛恨の逮捕から三年後、故郷・山梨でひっそりと死去している。

政界は一寸先は闇だというが、辞めてしまえば〝ただの人〟であった。

## 公取委を脅してゼネコン汚職

この金丸の脱税容疑の逮捕は、一人の〝政界のドン〟を葬り去っただけでなく、長年にわたり日本の政財界、いや社会の構造そのものの「ガン」と言われてきた土木・建設利権にメスを入れる絶好の機会をもたらした。

脱税の裏付け捜査のために行ったゼネコン十八社の捜索から、物凄《ものすご》い量の内部資料を押収することが出来、それらが土木・建設利権の暗部を暴く〝宝の山〟であったからだ。

まず、間組《はざまぐみ》（現・安藤《あんどう》ハザマ）本社から押収したフロッピーから仙台市の公共事業をめぐる贈収賄疑惑が浮かび上がり、金丸の逮捕から約三カ月後に仙台市長の石井亨《いしいとおる》と間組社長の加賀《かが》美彰《みあきら》が逮捕された。

さらに、別の公共事業をめぐって茨城県知事の竹内藤男《たけうちふじお》や、宮城県知事の本間《ほんま》俊太《しゅんた》郎《ろう》……などと地方自治体の首長クラスの摘発が続き、最終的には起訴された首長とゼネコン八社の経営者や役員は三十二人に及んだ。

「ゼネコン汚職」という言葉がマスコミ報道を通じて世に広まったのも、この頃からである。

　そのゼネコン汚職の主流を占めたのが、大型公共事業受注をめぐる大手ゼネコンの談合であり、落札または発注する業者の選定に大きく影響を及ぼすと言われる建設族の国会議員とつるみ、「天の声」の威光をカサにきて、ゼネコンのカネにタカってきた自治体首長らの存在だろう。

　それゆえ、それらの摘発は、たとえ表面化したのが氷山の一角でしかなかったとしても、政財界に巣くう〝黒い紳士〟たちを竦《すく》み上がらせ、慌てさせる程度の効果はあったのだと思われる。

　ただ、こうした談合疑惑の根本的な問題点は個々の政治家や官僚、業界人の汚職体質もさることながら、永田町と霞《かすみ》が関《せき》、そして土木・建設業界が長年にわたり癒着して出来た利権構造にあると言わざるを得ない。

　つまり、捜査当局が中央政界に切り込んで腐敗体質を洗い清めない限りは、何も変わらないのと同じということである。

　一連のゼネコン汚職を摘発し勢いに乗る東京地検特捜部は、今度は九一（平成三）年に、一度は摘発を見送られていた「埼玉土曜会」による談合疑惑に対し、再びメスを入れることを決断した。

しかし、公正取引委員会が九一年五月二十七日、「埼玉土曜会」と呼ばれる埼玉県内の土木・建設会社六十六社で作る業界団体への立ち入り調査を開始し、東京地検への告発を準備していた最中《さなか》に、その疑惑は起きた。

ゼネコン幹事社だった鹿島《かじま》が金丸やその側近議員をはじめ、建設事務次官出身の自民党参院議員・井上孝《いのうえたかし》や国土事務次官出身の同党参院議員・永田良雄《ながたよしお》、後に建設相に就任する同党衆院議員の中村喜四郎《なかむらきしろう》ら建設族議員に働きかけ、公正取引委員会委員長の梅沢節男《うめざわせつお》に圧力を掛けて、告発を見送るように迫ったのだ。

この時、梅沢は告発断念に追い込まれるのだが、そうした不可解な動きを知ったマスコミや世論が「公正取引委員会に不正な政治的圧力が掛かったのではないか」という疑念を抱き、そうした黒い噂は瞬く間に広がっていった。

東京地検特捜部は、業界側で談合を取りまとめる責任者と言われ〝本丸中の本丸〟と目された鹿島副社長の清山信二《きよやましんじ》を攻め落とすことに成功し、その供述をもとに九四(平成六)年三月、とうとう〝自民党建設族のプリンス〟で経世会のホープでもあった男、即ち、将来の総理・総裁候補の一番手と目されていた中村喜四郎を斡旋《あっせん》収賄容疑で逮捕したのだ。

その清山供述とは、「九二(平成四)年一月十三日、中村氏に一千万円を渡し、告発を見送らせるため梅沢委員長に働きかけるように依頼した」という爆弾証言だったが、これに重ねて、梅沢が「九二年一月中旬から下旬にかけて数回、中村氏から告発見送りを要求された」と供述したため、中村逮捕に踏み切ったのだ。

ところが、中村は取り調べに対して完全に黙秘し続けた。

彼は法廷でも、「鹿島からは日頃から多額の政治献金を受けており、その資金が特別な意味を持つ賄賂《わいろ》とは認識していなかった」と強弁を貫いた。さらに「梅沢委員長への働きかけは、金丸副総裁が宮澤首相を通じて行っていたと聞いており、私（のような若輩者）が出る幕ではない」と頑《かたくな》に否認したのだ。

それどころか、彼はこんな内部事情を明らかにした。

「告発見送りの話は、実は、これまで紛糾していた談合の罰金を引き上げることを承認する件と引き換えに行うというもので、金丸副総裁の意を受けた宮澤首相と梅沢委員長とのバーター取引だった、と当時の三者会談の中で確信を得ており、自分は全く関係ない」

つまり、この告発見送りは金丸、宮澤、梅沢の三人の中で決まった案件、ということになる。もっとも、この供述の頃は金丸は既に病死しており、二人も強く否定したままだったから、中村の「言い得」の感が強い。

因《ちな》みに、この談合の罰金引き上げとは、日米構造協議の中で米国側から批判されてきた建設業界の談合体質改善のため、公取委が談合行為への法人罰金を五百万円から二億円に引き上げるという独占禁止法改正案のことである。

この改正案を国会に提出することについて、を建設族・商工族の自民党議員が妨害していたのだ。

そして、九二年三月に罰金を一億円にすることで、この問題は決着している。

中村は一審で懲役一年六ヵ月、追徴金一千万円の実刑判決を受けて、直ちに控訴した。

公判で中村は平然と、宮澤や加藤紘一ら先輩の大物議員の名前を挙げ、「確かに宮澤首相から三百万円をもらったが、談合罰金の引き上げ問題解決への協力金だと思った。加藤官房長官に相談したら、『もらっておけばいい』と言われたので、頂戴《ちょうだい》しただけだ。私が後に建設大臣に指名されたのは、談合問題の政治的決着をずっと内密にしておけという意味だと思った」などと〝爆弾発言〟を連発した。

こうした発言は控訴した後の二〇〇〇（平成十二）年六月の総選挙を睨《にら》んでのことであり、中村は先手必勝の策が功を奏して総選挙では自民党の公認を失い無所属での出馬ながら大勝している。

かくしてゼネコン汚職の追及は中途半端に終わり、そのツケが土木・建設業界の中に談合体質と腐敗構造の温存という形で残った。未《いま》だに時折、どこかで談合スキャンダルが発覚し、日本を蝕《むしば》む病巣はもはや慢性の生活習慣病となりつつある。

一二（平成二十四）年一月半ばに開かれた陸山《りくざん》会事件の公判で、元民主党代表の小《お》沢《ざわ》一郎《いちろう》は力強く無実を訴えたが、強制起訴された罪状の是非はさておき、その事件の背後にはゼネコンの談合問題が控えていることは明白である。

永田町に脈々と続く建設族議員の「最後のドン」とも評される小沢だけに、〝古き悪しき習慣〟が復活するのか否かの正念場だったと言えよう。

## 最後の砦となった北の利権

このように金丸利権と呼ばれるものが次々と潰《つぶ》れていく中で、複雑な経路を辿《たど》りながらも、最後まで永々と続いていたのが北朝鮮利権だろう。

一九九〇（平成二）年九月、自社両党の議員訪朝団長として初めて公式に訪朝した金丸は当時、健在だった主席の金日成《キムイルソン》と公式に一回、非公式に二回も個別会談を行っており、互いに大いに意気投合したと伝えられた情報も、あながち〝つくられた宣伝文句〟とは言えない様子であった。

当時の金丸周辺には、もともと北朝鮮との交流に熱心で同じ訪朝団を仕切った盟友の社会党副委員長・田辺誠《たなべまこと》はさておき、北朝鮮の対日経済交渉に強い影響力を持つとされた謎の在米韓国人女性実業家の「マダム朴《パク》」こと朴敬允や、北朝鮮に聖地建設を目指して接近し、金丸のごり押しで日本に超法規的措置で入国を果たした統一教会教祖の文鮮明《ムンソンミョン》など、いかにも怪しい〝北朝鮮人脈〟が蠢《うごめ》いており、一言で表現すれば、彼らは北朝鮮に何かを期待し、腹に一物を持つ連中ばかりであった。

そんな胡散臭《うさんくさ》い連中を表からも裏からも仕切っていたのは、金丸の次男で秘書を務めていた金丸信吾《しんご》であった。

彼はさらに怪しげな北朝鮮コネクションを通して、もともと存在した川砂利やスケソウダラの輸入といった利権から、中朝国境地域の豆満江《トマンガン》開発に絡む港湾整備やカジノ・ホテル建設、金剛山《クムガンサン》観光開発などを進めようとしたが、まともに最後まで貫徹した計画などはなかった。

また、日朝国交正常化に伴い一兆円規模とされる戦後処理の国家賠償を狙ったビジネスも目論《もくろ》んでいたようだが、国交正常化自体が難しい段階では手の付けようがない、と言うより単なる夢物語と考えるしかないのが実情だろう。

金丸が失脚した後、これらの北朝鮮利権を疑惑ともども引き継いだのが、後継者を自認していた加藤紘一だった。

加藤は九四（平成六）年秋、北朝鮮側から与党訪朝団結成の要請を受けて奔走し、翌九五（平成七）年三月には与党三党訪朝団（渡辺美智雄団長）の結成を実現させている。

一時は田辺らがつくった社会党ルートしかなくなってしまった北朝鮮との交渉窓口を加藤が仕切ったのはいいが、北朝鮮が挑発的な態度を取って日本国民が反発する中で〝面倒見が良過ぎる判断と行動〟と言わざるを得ない。

加藤は北朝鮮側から強い要望があったコメ支援に関して、まず六月に三〇万トン行うことを決定したうえで、さらに十月にも二〇万トンの追加支援することを決めてしまったのだ。

こうした強引な進め方は従来の加藤では考えられないことだったが、金丸後継を強く意識し、自民党幹事長のポストを目指してのことだった。反加藤陣営からは「ほかに何か利権が絡んでいるのではないか」と勘繰られ、非難の声が上がるほど目立った態度の変化と言えた。

実際、加藤の周囲には前出の「マダム朴」や、以前から公安当局にマークされていた対北朝鮮貿易会社の社長ら〝怪しい人脈〟が出入りし、この社長は頻繁に《加藤事務所秘書》の名刺を使って商売したり、さまざまな活動を行うなど、何かとトラブルめいた言動が多かったのだ。

## 共和疑惑を乗り切った加藤は……

その加藤は宮澤内閣の官房長官から自民党幹事長、加藤グループの結成……と一歩ずつ階段を駆け上がり、一時は次期総理候補のトップに挙げられるところまで上り詰めた。

しかし、評価が高まるにつれて、数々のスキャンダルに見舞われ、全身が泥塗《どろまみ》れの状態になっていった。

その発端となったのが、一九九一（平成三）年ごろに噴き出した住専問題である。大蔵省（当時）は九〇（平成二）年三月、過熱するバブル経済への対応策として、不動産向け融資の総量規制策を打ち出したが、その際に規制の対象外となった住宅金融専門会社（住専）に向けて一気に巨額の資金が集中し、そこから不動産投機に回される〝迂回《うかい》融資〟が常態化した。

そのため住専は大いに潤ったかのように見えた。ところが、九一年に入ると、地価が続々と下落を始めたこともあって、住専は大量の不良債権を抱えて、経営が急速に悪化してしまった。

そうした数多くの不良債権の中でも、住専一社から七十三億円もの資金を出させて不動産投機に走った挙げ句、ほぼすべての資金を焦げつかせて倒産した「共和《きょうわ》」という鉄骨資材メーカーの存在は一際目立った。

その「共和」から支出された資金が多額なうえ、資金の流れに不審な点が多く見られたため、東京地検特捜部が調べたところ、二十億円以上の使途不明金の存在が明らかになった。しかも、そのうち十数億円が永田町に闇献金として流れていたことが分かったのだ。

東京地検特捜部は、北海道でリゾート開発事業を計画した「共和」が、当時の北海道・沖縄開発庁長官だった自民党衆院議員の阿部《あべ》文男《ふみお》に働きかけ、九千万円の賄賂《わいろ》を渡したことを突き止め、翌九二（平成四）年一月十三日、阿部を受託収賄容疑で逮捕した。

捜査の結果、政界に流れた十数億円は阿部のほかに、主に首相の派閥である宮澤派の議員に渡っていたが、中でも官房長官だった加藤紘一の名前は早い段階から浮上した挙げ句、参院予算委員会で追及されたり、マスコミに書き立てられて世論の批判を浴びるなど大騒ぎになった。

加藤は国会の追及やマスコミの取材にも全面否認を貫いて一度は逃げ切ったかに見えたが、四年近く経った九六（平成八）年二月、加藤の後援会組織の会長だった医師が加藤から預かった共和マネー約一千万円を東京法務局に供託したうえで、「九〇（平成二）年一月三十一日、『共和』副社長から加藤に一千万円の闇献金が渡された現場に立ち会った」と暴露したことから大問題に発展した。

この医師は「疑惑の発覚で九二（平成四）年二月か三月頃に隠蔽《いんぺい》工作が行われ、授受はなかったことにすると決定して、カネは私が預かった。九六年になって住専問題がクローズアップされたため、私はカネを返そうとしたが、加藤側が無視したため、今回、明らかにすることにした」と語ったのである。

野党であった新進《しんしん》党は、自民党幹事長に就いていた加藤を所得税法違反で刑事告発し、そのうえで、衆院金融問題特別委員会で参考人質疑を行うなど徹底的に厳しく追及した。

加藤は「私としては『共和』からの一千万円授受はなかったが、後援会が勝手に受け取っている可能性があり、破産会社からの献金は返さなければならないので会長に一千万円を渡した」と苦しい弁明に終始したが、野党側にもそれ以上追及する材料はなかった。

その後も、スキャンダルを暴露した元後援会長が名誉毀損で加藤を訴えた訴訟で元会長が全面勝訴したり、懲役五年六ヵ月の実刑判決を受けて収監されていた「共和」副社長が「すべて元後援会長の言うとおりである」と書いた手紙を入手した朝日新聞がスクープ記事を書いたり、加藤の秘書が副社長に口止め工作したり……と度々疑惑が噴出した。それでも結局は、当事者三人のうち二人は疑惑を認めたのにもかかわらず、加藤は何とか逃げ切ってしまったのである。

また、これらのスキャンダルを乗り切った後の九七（平成九）年八月には、加藤の秘書がイトマン事件などで知られる〝闇社会の帝王〟こと許永中《ホヨンジュン》らに拉致《らち》・監禁され、加藤事務所の極秘集金資料を脅し取られるという事件も起きている。

## 泉井マネー疑惑に塗れたＹＫＫ包囲網

この加藤と、後に首相になった小泉純一郎《こいずみじゅんいちろう》、小泉と組んで金権政治打破を訴え、経世会に対抗したことで知られる元自民党政調会長の山崎拓《やまさきたく》。三人の頭文字を取ってＹ

ＫＫ包囲網などと呼ばれ、一時は脚光を浴びたが、彼もまた金権政治打破は「単なるうたい文句だった」のかと思えるほどスキャンダルに塗れてしまった。

大阪在住で〝謎の石油商〟との異名を持つ泉井純一《いずいじゅんいち》による大型脱税事件と、関西《かんさい》国際空港前社長への贈収賄事件は一九九六（平成八）年に表面化したが、その怪しげな泉井マネーにたかっていた政治家や高級官僚のあまりの多さに、少々のことでは驚かない関西人も衝撃を受けた。

大阪国税局が九五（平成七）年十一月に脱税容疑で泉井石油商会を強制査察したことが始まりだった。

この時、大阪国税局が押収した接待客リストには、政治家が閣僚経験者をはじめ十六人、高級官僚に至っては通産省の四十二人を筆頭に、大蔵、外務、運輸、厚生、建設の六省と警察庁の約九十人の名前が載っており、一人一回当たりの費用は二十万円に達したという。

大阪国税局の告発を受け、東京地検特捜部は九六年十一月七日、泉井を三億三千万円の脱税容疑で逮捕した。

調べによると、最も取引関係が古くて深い三菱石油から、九二（平成四）年から九五年にかけての四年間に総額六十四億円の法外な手数料が支払われていたことが判明。

三菱石油からの法外な支払いは八七（昭和六十二）年から行われており、少なくとも二十億円以上が使途不明金として消えていた。

特捜部は九七（平成九）年一月、泉井を三井鉱山から二十四億円を騙《だま》し取ったとして詐欺罪で起訴（後に無罪）したほか、二月には関西国際空港の清掃事業への参入に関して、空港会社の前社長（収賄罪で起訴済み）に百七十六万円の賄賂を贈ったとして贈賄罪で起訴している。

ここまで見てきただけでも、泉井という男は十分に怪しい人物だが、そのカネの使い方が異様である。九二年から九五年までの四年間に官僚接待が二百回以上に及び、総額十億円余をつぎ込んでいたことが判明。特捜部は中でも頻繁に接待を受けていた長官や審議官クラスの高級官僚摘発を検討してきたが、職務権限がはっきりせず断念した。

一方、泉井は数多くの政治家と深く交流しており、巨額の使途不明金の多くが政界に流れたことが明らかになった。

具体的には山崎拓や渡辺美智雄、三塚博《みつづかひろし》、森喜朗らの名前が挙がったが、その中でも最も深い付き合いとされたのが山崎だった。

山崎は「年に数回会食する程度の仲だ。八〇年代半ばから毎年百万円程度のパーティー券を購入してもらい、総額は一千万円以上になったと思う。泉井の事務所内に後援会の関西支部を置かせてもらっていた」などと一部は認めたが、結局、何のお咎《とが》めもなかった。

ところが、泉井は保釈後の九七年九月、異例の記者会見を開いて、こんな〝爆弾証言〟を披露したのだ。

「九一（平成三）年から山崎に現金供与を始め、七回で総額二億八千万円を渡した。うち二億円は山崎を通じて渡辺に渡ったはずだ。ほかに献金・パーティー券・接待などによる利益供与を行っており、金額が大きいのは森喜朗に一千万円、小渕恵三に五百万円、三塚博に六百五十万円……などだ。与野党問わず献金した政治家は大勢おり、パーティー券などを入れれば百人から二百人近くになる」

九七年十一月には国会で泉井の証人喚問を実施し、本人も月刊誌で山崎を痛烈に批判する手記を発表して大騒ぎとなったが、結局、政界の疑惑に関しては闇献金の違法性は立証出来ず、関西国際空港前社長への贈賄と脱税だけで懲役二年、罰金八千万円の判決を受けている。

それにしても、この泉井マネーとはいったい、何だったのか。

泉井という、いかにも怪しげな人物のキャラクターと、物凄《ものすご》い人数の高級官僚や政治家に対して非常識な金額の接待や献金を行っている、という表面上の派手さに惑わされ、肝心の献金や接待の目的などが非常に分かりにくくなっているように思えてならない。

この事件の捜査に関わった司法関係者は、こう打ち明ける。

「簡単に言えば、泉井は三菱石油の代理人といった立場だろう。ベトナムの石油開発権を手に入れるため、ＯＤＡ（政府開発援助）利権に力のある渡辺派の実質ナンバー２の山崎を使って、ベトナム当局や開発関係者にカネをバラまき、入札に三菱石油を押し込んで、有利になるように働きかける。献金や接待の相手は誰彼構わないように見えるだろうが、実は、一部の大物議員を除けば渡辺派か『日本ベトナム友好議員連盟』のメンバーが多いんだ。つまり、泉井マネーは三菱石油から泉井－山崎ラインを通って渡辺側に流れるトンネル資金というわけだ。だから、泉井を摘発しただけでは何の意味もないんだよ」

山崎攻撃は前述した加藤攻撃とともに、経世会を批判して集まったＹＫＫを逆に包囲する反対派の陰謀の可能性があるという。

政界スキャンダルはその中身だけではなく、それを問題視したり、追及する行動そのものにも謀略の匂いがプンプンするから恐ろしい。

## 力のある者だけが守られる社会

政界スキャンダルのトドメは、一九九七（平成九）年の証券・金融スキャンダルである。第2章で詳述しているので、ここでは簡単に説明しておこう。

この疑惑は端的に言えば、証券・金融業界が政・官・財界と暴力団や総会屋などの闇社会に不正な利益供与を行った事件であり、もう一つは公的資金投入を含めて自社を守るために、大蔵官僚に新宿の〝ノーパンしゃぶしゃぶ〟に代表される過剰な接待攻勢をかけたという二本立ての事件であった。

ここまで述べただけでもうウンザリするほど嫌な事件である。

何しろ、日本経済を守るためなのか我々の預金を守るためなのかは知らないが、公的資金（つまりは我々の血税）を投入してまで守ろうとした日本の根幹である金融システムが、政治家からヤクザまで一部の支配層や力の強い者の利益を守るためだけに知恵を使い、カネを使い、人まで使ってしゃかりきになっていたという実態がはっきりと分かってしまったのだから、ウンザリするのも無理はない。

発端は九七年五月の野村・第一勧銀事件だ。

総会屋の小池隆一と、彼に対し不正に資金を提供していた大手四大証券会社と第一勧業銀行の役員が次々と逮捕された利益供与事件である。

この時、第一勧業銀行は都市銀行の本店として初めて東京地検特捜部の強制捜査を受けた。

約十年間にわたりたった一人の総会屋に総額四百六十億円を超える融資を行い、十一人の逮捕者と、元一勧会長という一人の自殺者を出したのである。

特捜部の調べによると、小池は総会屋として野村證券や第一勧銀などの株主総会を平穏に仕切る代わりに自分や親族が経営する会社に不正融資させたり、「付け替え」（証券会社が自己取引で得た利益を、伝票を改ざんして顧客が稼いだように付け替える方法）とか「あんこ」（証券会社が自己売買益を顧客の口座に移し替える方法）などによって不正に多額の利益供与（損失補塡《ほてん》）を受けていたという。

この捜査の過程で特捜部が野村證券から押収した資料の中に、自民党若手代議士の新井将敬《あらいしょうけい》（当時四十九歳）が野村證券に開設した口座などの証券取引記録があった。

その口座はＶＩＰ口座扱いで億単位の取引が行われていたうえ、小池と同様に「付け替え」や「あんこ」が頻繁に行われていた借名口座であることが判明した。

しかも、新井はほかに日興証券や新日本《しんにほん》証券などにも同様の口座を持ち、並行して運用していたことも分かってきた。

特捜部の調べでは、日興証券は九五（平成七）年十月三十一日から九七（平成九）年二月まで四千百万円を利益供与し、このうち二千九百万円の利益付け替えが不正取引である可能性が高まった。このほか、十年間に二億八千万円の利益供与があったと言われる。

新井は九八（平成十）年二月、衆院予算委員会の参考人質疑で無実であると訴えたが、東京地検特捜部は二月十七日に事情聴取を行い、翌十八日には家宅捜索の末に逮捕状を請求した。

十九日には国会に逮捕許諾請求が提出されたが、その直前、新井は東京・品川のホテルで同行していた妻が外出したスキに首を吊《つ》って自殺してしまった。

現職国会議員の自殺は各界に大きな衝撃を与えたが、もっと大きな問題点はこれ以降、証券・金融スキャンダルが政界へ波及しなかったことである。

翌三月からは山一、野村、第一勧銀、日興、大和と摘発が拡大し、大蔵省元局長や日銀課長が逮捕されるなど業界、官僚側の追及はある程度は進んだが、その手は最後まで政治家と暴力団など闇社会へは伸びることがなかった。

永田町では「なぜ自分だけが集中砲火を浴びるのか」と党執行部に詰め寄る新井の

姿が何人もの関係者に目撃されている。

大蔵官僚から政界に転じ渡辺派に所属していたが、政界再編の波に乗って離党するなど「変わり身の早さ」が特徴であった。リクルート事件以降は竹下、金丸らの金権腐敗を徹底批判したが、スタンドプレーが目立ち過ぎて孤立無援となった。自民党に復党後は亀井《かめい》静香《しずか》の下に〝所属〟していたとはいえ、彼を庇《かば》おうとする者は誰一人いなかったのだ。

最後は、在日朝鮮人から帰化した最初の国会議員である自分の身を嘆いて、「自分が在日朝鮮人だからか」とまで口にした新井。彼が最後の切り札として議院運営委員会に提出しながら、受け取りを拒否された告発文書の中には、ほかの政治家の名前が記された日興証券の資料もあったという。

新井将敬。前途有望だった一人の代議士の死で、すべてを闇に葬った証券・金融業界のスキャンダル。そこに巣くうたかり屋たち――それが表社会に群がる紳士だろうが、闇社会の住人であろうが――彼らはまたしても生き残ったのだ。

この修羅の世界は義理も人情もなければ、血も涙も何もない。生き残った者が勝ちなのだ。

二〇〇七（平成十九）年の日興コーディアルグループ不正経理事件の捜査で、かつて新井に利益供与した容疑で起訴されて有罪判決を受けた元常務に、判決後もずっと年間二千万円の嘱託社員報酬が出ていたことが発覚した。

会社を守るために、盟友をあっさりと裏切り、事実を曲げて証言してきたということに対する報酬なのか。

新井の死で見事なほどアッと言う間に幕引きされた証券・金融スキャンダルの深層部分を目の当たりにした瞬間であった。

歴史は繰り返されるのが習い――とすれば、またぞろどこかで政治家や闇社会の住人に対し、こっそりと利益供与が行われていることだけは間違いないだろう。

実は、新井の周囲には、若いベンチャー企業の経営者たちが集まって、異業種交流会を開いていた。

「B&Bの会」という何やら秘密めいた名前が災いして、互いに秘密の情報を交換してインサイダー取引まがいの株投資を行う〝秘密クラブ〟ではないかという批判を浴びたが、真の狙いはベンチャー経営者の交遊を深め、未来に向けて勉強をしようというまっとうなものであった。

これがやがて新興市場の創設やM&A（企業の吸収・合併）ブームなど時代の流れ

に乗って大きく成長し、「日本ベンチャー協議会」と名前を変え、五十社以上の上場企業をはじめとする一大集団を形成するまでになるとは誰も想像出来なかったに違いあるまい。

彼らの中からは、ライブドアのような〝問題児〟も多少は出てきたが、有望なIT起業家らが多数旅立っていったのだ。

バブル経済の崩壊を「先送り」で誤魔化してきた証券・金融業界に破綻《はたん》が相次ぎ、時代は確実に新しい生命を宿している。

時代の寵児《ちょうじ》は「異端」から生まれ、国家権力をはじめとする「秩序」側は「異端」の排除に動く。そうした中に生まれつつある新しい問題点については後述するが、「異端」と「秩序」の戦いがくっきりと表れた事件であったと言えよう。

戦後の重大事件を見ていくと、○○事件などと呼ばれるような国家的な謀略事件は一九六〇年代ぐらいまでしかなく、八〇年代から九〇年代を過ぎると、政治家が絡んだ疑獄事件でさえほとんど見られなくなっていることに気づく。

国家の力が衰退したのか、それともスケールの大きな、あるいは権謀術数に長《た》けた犯罪者がいなくなったのか。謀略などはない方がいいに違いないが、その分、わずかばかりのカネが絡んだしみったれた事件が増えたように思えてならない。

現代社会では個人が謀略を巡らし、大義名分を捨てて個人的にカネ儲《もう》けや利権争いを繰り広げる時代が来ているのかも知れない。

それは決して幸せな未来に繋《つな》がることとは思えないが、人々は個々の利益のために目の色を変え突き進んでいく。その象徴的なカネ稼ぎと言えるのが、バブル経済の前後で盛んに行われた株式投資であり、総会屋の出現と言っていいだろう。

それらについては第2章で詳述したが、ここではその先駆け的存在とも言える「昭和の乗っ取り王」を紹介しておこう。

## 横井英樹とはいったい、何者か

その名を「横井英樹」という。

白木屋百貨店の乗っ取りや、ホテルニュージャパンのいい加減な経営や大火災で名を知られた男と言えば、記憶に残っている方も多いのではないだろうか。

横井は一九一三（大正二）年七月一日、愛知県中島《なかしま》郡平和《へいわ》村（現・稲沢《いなざわ》市）で四人兄弟の二番目（次男）として生まれた。

実家は貧しく、横井は高等小学校を一年で中退して上京し、メリヤス問屋などで丁《でっ》稚《ち》奉公して働いた。

三〇（昭和五）年三月、横井はわずか十七歳で独立し、繊維問屋「横井商店」を開業した。

横井は三九（昭和十四）年と四一（昭和十六）年、二回にわたり召集され、最後は憲兵軍曹に昇進している。

だが、本人は「お国のために戦って死ぬのは嫌だ。この戦争を利用してボロ儲けしてやるぞ」と考えており、繊維問屋として海軍の衣料部門に納入するなどしっかりと儲けていた。

四二（昭和十七）年に除隊後、目先の利く横井は「軍を相手に儲けるには問屋じゃ駄目で、工場を興して軍需品を製造しよう」と生産工場を設立した。

横井は会社名を「横井産業」と改称し、陸海軍や軍需省の管理工場となった。

そして、直ちに都内をはじめ埼玉県大宮《おおみや》市、山梨県石和《いさわ》町など各地に分散した工場で軍需品を製造し、瞬く間に三千人の従業員を擁する大工場に発展させた。

戦争が終わると一転して平和産業の全盛時代が到来すると予想し、軍需工場を廃業して紡績工場に切り替えたうえに、進駐軍御用達《ごようたし》工場の指定を受けた。

彼の読みは大当たりし工場は大儲けしたが、その読みの鋭さで数年先に近づきつつあった繊維業界の不況をいち早く察知したのか、横井は突然、全工場を閉鎖し不動産業に転身した。

そこで、横井は目ぼしい土地を片っ端から買い漁《あさ》り、不動産売買で儲けたり、購入した土地に進駐軍専用店を開くなどして荒稼ぎした。

そんな中で目についたのが、東京・日本橋《にほんばし》の白木屋百貨店であった。

日本橋の目抜き通りに建っているのに客の入りはまばら。それでも暖簾《のれん》にこだわり経営改善に乗り出そうともしない。それゆえ同業者からも「無能経営者」とレッテルを貼られている有り様なのだ。

株主として意見を述べたこともあったが、全く聞く耳を持たない。そこで横井は何と白木屋百貨店を乗っ取り、経営を根底から変えてやると、五〇（昭和二十五）年頃から白木屋株の買い占めを始めた。

五三（昭和二十八）年の株券の名義書き換えで謎の買い占め者の正体が横井英樹と判明した時は既に、白木屋の発行済株式数の四分の一を超える約百二万株を取得していたため、白木屋はもとより他の株主やマスコミも驚きを隠せなかった。

総会屋も二つに分かれた。

大物総会屋の田島将光は横井に付いたが、もう一人の大物総会屋、久保祐三郎をはじめ数多くの総会屋は会社側に付き、住吉一家三代目総長の阿部重作らが会社側に回ったため、愛国青年連盟などの右翼団体や安藤組組長の安藤昇《あんどうのぼる》らを動員して備えた横井側も思うように行かず流会となった。

ところが、横井は別の会場で全く異なる株主総会を開いていて、横井を代表取締役とする人事案も可決していたのだ。

この奇襲はもちろん認められず、横井は〝四日天下〟に終わったのだが、横井が、「強盗慶太」との異名を誇る東急グループ総帥の五島慶太に支援を求めたため、結局のところ、白木屋百貨店側は株の買い占め競争に敗れ、東急の軍門に下ってしまったのだ。

かくして白木屋は伝統ある屋号を失い、日本橋東急百貨店として新たに出発することになったのである。

五島の門下生となった横井は帝国ホテルや東洋《とうよう》精糖、大黒葡萄酒《だいこくぶどうしゅ》、帝国臓器《ていこくぞうき》製薬などの株を片っ端から買い占め始めたと噂された。何しろ、横井の後ろに五島ありと思われていたため、当事者はもとより証券関係者も横井の動向を軽視する訳にはいかなくなっていた。

横井が次に狙ったのは東洋精糖であった。

だが、東洋精糖の抵抗は強かった。株の売買は熾烈《しれつ》を極めたし、横井側から新しい役員を三人入れるとの要求に対しては全役員の定員を三人分増やして対応し、白木屋事件の時は横井側に付いていた安藤組を寝返らせ、会社側として行動させたり、横井への対応策として児玉誉士夫に助けを求めたり、最終的に横井を抜きに五島慶太と円満解決のために話し合いの場を設けるなど、あの手この手の戦術を展開した。

五九（昭和三十四）年八月十四日朝、五島慶太は波乱に満ちた七十七歳の生涯を閉じた。

東急グループの後継者・五島昇《のぼる》は慶太の死で東洋精糖問題から撤退することを決めていた。そのため同年九月二日、都内のホテルで児玉と大映《だいえい》社長の永田《ながた》雅一《まさいち》仲介のもと会合を開き、東急が持っていた東洋精糖株八百五十万株を一株三百円平均として二十五億円で渡すという合意に達し、実行に移した。

五島昇は横井の東急グループへの出入りを禁止とし交渉の席からも外しており、後で問題解決策を知った横井は激怒したが、まさに後の祭りであり、引き下がるしかなかった。

一方、同じ五島門下生の小佐野賢治は、慶太亡き後も五島昇から敬意を払われ、良好な関係を維持していた。後に小佐野は東急電鉄、東急ホテルチェーン、東亜《とうあ》国内航空の取締役となり、東急電鉄の大株主にもなっている。

### 「あの時撃ち殺しておけば」と言われ

横井の方は一九七〇（昭和四十五）年、約二十億円の累積赤字を抱える富士観光の弱みに付け込み、傘下のホテルなどを安価で買収した。

横井を「乗っ取り屋」と知りながら窮地を脱するため六億円の借金に訪れた社長に対して、横井は担保になりそうなものはすべて取り上げたうえで、二億円しか貸さないと宣告した。

結局、時価二十三億六千万円の船原《ふなばら》ホテルを八億円、時価六億円の富士観光を二億円の安価で手に入れたのだから、何とも酷《ひど》いやり方である。

横井はその阿漕《あこぎ》なやり方で多くの人の恨みを買った。

生命を狙われたこともある。

五八（昭和三十三）年には自分の事務所で安藤組組員に拳銃《けんじゅう》で撃たれ、瀕死《ひんし》の重傷を負っている。

そして極め付きが八二（昭和五十七）年二月八日未明に起きたホテルニュージャパンの火災である。

九階の客室から出火した火災はホテルの九、十階などを焼いて死者三十三人、負傷者三十四人を出す大惨事になった。

横井は、熱い炎に追われるようにして、次々とホテルの高層階から飛び降りて亡くなった人々の血が流れている事故現場の前で、マイクを片手に何と、「火災が九階、十階の一部にとどまったのは不幸中の幸いです……」などと高らかに語っており、テレビ中継を見た全国の人々の批判を浴びた。

警視庁は今回の大惨事の遠因について、①スプリンクラーの未設置　②防火区画の不備　③非常放送設備の未整備　④自動火災報知機の不備　⑤避難誘導の不適切——の五点に絞って捜査を進めていたが、横井の頭にはそうした危機感や反省が全くなかったのである。

しかも、火災の翌朝に営まれた犠牲者の合同葬に、横井はとうとう姿を現さず、遺族たちから激しい非難の声が上がった。

そのためか横井は翌二月十日の合同葬には現れたが、ボディガードに付き添われて短時間で引き上げた。

その時、会場の遺族から「ボディガードと一緒でなければ葬儀に来られないのか」と怒号が起こった。また、後に遺族との補償問題をめぐる初交渉の席では、遺族から「お前は人を殺してカネを儲《もう》けてきた。そのカネをすべて吐き出せ」といった罵声《ばせい》を浴びている。

ホテルニュージャパン火災の日本人遺族団は後に、横井を業務上過失致死罪で告発した。警視庁は八二（昭和五十七）年十一月十八日、横井を防火設備の不備などを理由に業務上過失致死容疑で逮捕した。

東京地裁が八七（昭和六十二）年五月に出した判決は、業務上過失致死罪で禁錮《きんこ》三年の実刑判決であった。

かつて子分に横井への銃撃を命じた安藤昇組長は、この火災の惨状と犠牲者への対応の酷さを見て、「あの時撃ち殺しておけば、三十三人も殺す大惨事にならなくてすんだのに……と言ってくる人が多くて……」と苦笑する。

横井は九八（平成十）年十一月三十日午前、虚血性心疾患のため都内の病院で死亡した。八十五歳であった。

荼毘《だび》に付された横井の遺体からは何と、彼のトレードマークとも言える蝶《ちょう》ネクタイを留める金具と共に、一発の弾丸が出てきたという。

かつて安藤組組員が放った〝恨みの籠《こ》もった弾丸〟は、横井の体内に残ったままであったのだ。

多くの人々から恨みを買っていた横井に相応《ふさわ》しい死にざまだった――と言うべきなのかも知れない。

# 第6章　最後のフィクサーと新しい勢力

# 後藤田正晴との出会い

朝堂院大覚《ちょうどういんだいかく》こと松浦良右《まつうらりょうすけ》は一九四〇（昭和十五）年十二月九日、大阪府枚方《ひらかた》市で四人兄弟姉の三番目（次男）として生まれた。

松浦の祖父は枚方市で数百軒の貸家を保有するほどの大地主で、四百年以上続く家柄を継承する跡取り息子であると同時に、不動産業を営む傍ら、米相場で大儲《おおもう》けするなど実業家としても成功を収めていた。

松浦の父親は同志社《どうししゃ》大商学部を卒業後、朝日新聞社の子会社である「朝日ビルディング」に入社してサラリーマン生活を送り、経理担当重役まで務めた。

松浦は五九（昭和三十四）年四月、同志社大法学部に入学した。当時を知る友人らによると、松浦は成績はそこそこ良かったのだが、勉強するのが大嫌いで、大学の講義にはほとんど出なかったという。ただ、当時習っていた空手道場には熱心に通い、大学在学中に二段を取得している。

人の好《よ》い父親は自らの財産を担保にして知人らが経営する複数の会社などの保証をしており、松浦はその腕力を買われ、父親の集金の手伝いやボディガード役を務め、企業経営や融資、取り立てなどさまざまな仕事を覚えていった。

父親が保証していた会社の中で最も業績が悪かったのが「浪速《なにわ》冷凍機工業」であった。松浦は六三（昭和三十八）年に大学を卒業すると、その「浪速冷凍機工業」に入社した。入社したのは、何とか会社の業績を建て直し、父親の担保を抜いてしまおうという、親を助けたい一心だった。

「浪速冷凍機工業」は船舶空調専門の会社で、船舶内の冷蔵・冷凍庫や船の換気装置を製造、販売することを主たる業務としており、社員がわずか三十人足らずの零細企業だった。

松浦が入社した六三年の年商が一億五千万円だったのに対し、借金は少なくとも二億三千万円あり父親が全額を保証していたのだ。

松浦は社員にやる気を出させるため、社内に恐怖政治体制を敷いた。

まず、全社員を集めて「やる気のない者は会社を辞めて出ていけ。残った者は死んだ気で働け」と一喝し、売り上げ目標達成金額を墨で大書した宣誓書を提示。愛蔵の日本刀で自分の左前腕を突き刺し、噴出した血で血判を押したのだ。

そして全社員に墨で署名させ、毎年九月に「血判の儀式」を行うことで、社員の意識を高め、全社員に一致団結を求めたのだ。

もちろん大勢の社員が恐怖を感じて辞めていったが、良右は新しい社員をどんどん採用することで、社内の新陳代謝を良くしていった。

この「血判の儀式」について良右は決して隠そうとせず、週刊誌に写真入りで取り上げられて話題になったが平然としていた。

「浪速冷凍機工業」は社名を「ナミレイ」と変え、本業の船舶・陸上空調部門はもとより不動産、造園、水処理業など次々と業種を増やしていった。また、シンガポールや香港などの海外事業へと拡大し、業績を飛躍的に向上させたのだ。社員も最大で七百五十人まで増えた。

七四（昭和四十九）年、松浦の親友である大平《おおひら》光洋《みつひろ》が東京・永田町の議員会館裏のビル五階に事務所を開いた。大平は児玉誉士夫と付き合いがあり、やがてフィクサー的役割を果たすようになる人物である。

この大平の事務所費などはすべて、松浦が負担したという。

同じビルの七階に後に国会議員となる後藤田《ごとうだ》正晴《まさはる》も事務所を借りていた。それが縁で松浦は、「カミソリ」とか「カミナリ」と呼ばれるようになる官僚出身の政治家、後藤田正晴と親しくなった。

七二（昭和四十七）年に警察庁長官を辞任した後藤田は、同年七月、田中角栄政権の内閣官房副長官に就任した。

後藤田は政界に進出すべく、七四（昭和四十九）年七月、郷里の徳島県から参院選挙に立候補したが、対立候補には自民党現職で三木《みき》武夫《たけお》副総理の城代家老と言われた久次米《くじめ》健太郎《けんたろう》がおり、三木派対田中派、三木対角栄の「三角代理戦争」と呼ばれる烈《はげ》しい選挙戦を展開。当初、有利と見られていた後藤田だったが、結局、約四万票の大差で敗れて落選してしまった。

後藤田はその後、田中角栄の失脚と、彼を追いやった三木の首相就任で、長らく雌伏の時を過ごすことになる。

後藤田はこの時、知人の衆院議員の紹介で松浦と知り合い、選挙や経済面での支援を要請したり、相談したりするようになった。

後藤田にとって精神的支柱であり、有力な資金提供者でもあった田中角栄や小佐野賢治がロッキード事件などで失脚したため、経済的にかなり苦しくなっており、松浦の経済支援は非常に有難かった。

松浦は後藤田を資金面で相当助けたが、後藤田も松浦のために有力な極秘情報を入手したり、さまざまな分野で極めて貴重な口利きをするなど、互いに良好な協力態勢が続いた。

## 松浦を逮捕した真の狙い

松浦良右は一九七九（昭和五十四）年、空調機器メーカー最大手の「高砂《たかさご》熱学工業」の株買い占めに乗り出した。

「高砂熱学」を標的とした理由は、「ナミレイ」が冷凍機から空調分野に業務を発展させる中で、空調業界では「高砂熱学」が年商二千億円と圧倒的に強く、「ナミレイ」をいくら発展させても最盛期で百八十億円程度と歯が立たず、乗っ取った方が手っ取り早いと考えたからだ。

しかも、調べると「高砂熱学」には強力なオーナーがおらず、株主も取引銀行の三菱信託銀行が二百五十万株、三菱銀行が二百万株と圧倒的に多く、あとは少数株主ばかりだったため、筆頭株主に躍り出やすいと考えたのだ。

松浦は「高砂熱学」の株を三〇パーセント以上買い占め、「ナミレイ」が保有する株と合わせれば筆頭株主にのし上がれた。そして、「ナミレイ」は「高砂熱学」との業務提携にこぎ着けたのだ。

その時、松浦のもとを訪れたのが、元日本共産党書記長という経歴を持ちながら獄中で転向し、しかも一八〇度転じて何と右翼活動家になってしまったという田中清玄の秘書だった。

秘書は松浦が喜びそうな高砂熱学の株取引の話を持ち込んできた。

ところが、松浦は「高砂熱学」の社内に激しい派閥争いがあり、自分が好むと好まざるとにかかわらず利用されてしまうことを恐れ、慎重に検討したうえで株取引やさまざまな事業協力などの話を断った。

この内紛が予想外に発展し、ヤメ検弁護士を通じて東京地検特捜部に持ち込まれ、ロッキード事件の公判中だった特捜部は田中角栄元首相の政治生命を絶ちたいと躍起になっていた折りだけに、角栄の知恵袋として活躍していた後藤田正晴の追い落としに焦点を絞った感があった。

後藤田は、検察当局の宿敵である警察庁の内部官僚出身であり、検察にとって二重の敵であったところに、高砂熱学が威力業務妨害で訴えてくるという絶好機を与えてくれたのだから、捜査は一気に進んだ。

「松浦良右は後藤田の資金パートナーであり、後藤田と一体となって活動している関西の経済ギャングだ」

そう断定した東京地検特捜部は八二（昭和五十七）年三月、松浦を逮捕した。

後藤田の贈収賄容疑での逮捕が狙いの特捜部は、松浦を徹底的に調べたが、松浦は頑として容疑を認めなかった。

後藤田は同年十一月二十七日、第一次中曽根内閣で内閣官房長官に就任した。すると、その直後の十二月三日、松浦が保釈金五千万円を払って釈放されることが認められてしまったのだ。

松浦は政治家と絡んで、さまざまな方面で暗躍した。

松浦は七二（昭和四十七）年、福田赳夫首相の親書を携えた環境庁長官の石原慎太郎を連れてフィリピンに行き、マルコス大統領夫妻に面会させた。

そこで二人はマルコス大統領の政敵で反逆罪で死刑を宣告されていたベニグノ・アキノの処刑を止めるように迫ったのだ。

この件は、マルコス大統領が八〇（昭和五十五）年に心臓発作で倒れたアキノを米国の病院で手術を受けさせるとの名目でフィリピンから追放したことに繋《つな》がり、結果的にアキノに死刑を執行することを止めさせたのだ。

その後、アキノは米国で心臓手術を受けて成功し、ハーバード大学客員研究員として亡命生活を送った。

ところが、アキノは八二（昭和五十七）年八月、マルコス大統領による帰国不許可命令に逆らってマニラ国際空港に降り立った。そして、数歩も進まぬうちに暗殺者の男に射殺されてしまった。

その暗殺者もその場で射殺されたため、結局、誰が何のためにアキノ殺害を命じたのかなど暗殺事件の真相は解明されないまま残ってしまったのだ。

九日後、夫人のコラソン・アキノは決死の覚悟でフィリピンに帰国して葬儀に参加。八六（昭和六十一）年の大統領選挙に立候補し、見事に当選した。

この政争の結末は、マルコス大統領夫妻がマラカニアン宮殿を急襲した空挺《くうてい》特殊部隊に銃口を突きつけられ、ヘリコプターで国外に逃亡せざるを得なくなる形で決着した。

松浦はＰＬＯのアラファト議長と親しく交流していたのをはじめ、ニカラグアやコスタリカなど中南米諸国の革命家たちとも交流があり、彼らの独立運動などに経済的な支援を行っていた。

そうしたリーダーたちに人脈を持つ松浦に寄り添うことで石原は人脈を広げていっ

たのだ。

松浦は、特にニカラグア共和国に大西洋と太平洋を結ぶ運河を築く計画を立て、国家再建会議議長だったダニエル・オルテガと協定を結んだことで知られる。

八五（昭和六十）年、松浦はニカラグア運河開発国際委員会を設立し、会長に就任した。石原も全面的に協力を申し入れたが、自民党代議士の中でこの案件に非常に興味を示している人物がもう一人いた。

「政界のドン」と呼ばれた金丸信であった。

金丸は当初、竹下登元首相とともにパナマ運河改修工事の方に熱心に取り組んでいたが、松浦がニカラグアのオルテガ大統領と親しく、ニカラグア政府中枢に食い込んでいて事業の成功間違いなしと思われたため、巨額な利益が期待されるこのニカラグア運河計画に乗り換えた。

ところが九〇（平成二）年二月のニカラグア大統領選挙で、再選が確実視されていたオルテガが、米国の支援を受けた女性候補に敗れたため、計画は一気に吹き飛んでしまったのである。

また、松浦は七八（昭和五十三）年五月、中国の民兵が尖閣《せんかく》諸島に上陸しようとしていると聞き、園田直《そのだすなお》外相や毛利《もうり》松平《まつへい》、石原慎太郎両代議士らと話し合ったうえで、中国より前に尖閣諸島上陸を計画した。

時の福田政権は、秋に中国の鄧小平《とうしょうへい》副首相が来日することもあって「日中関係に波風を立ててはいかん」と反対し、松浦らに自重を求めたうえ、さらに警察庁長官から沖縄県警に対し、尖閣諸島周辺に近づく船の取り締まり強化を指示させた。

松浦は政治結社・石門社代表の関二郎《せきじろう》らとともに那覇《なは》市に向かい、政府や警察当局が抑える中で地元暴力団・沖縄旭琉会本部長の羽地勲《うちいさお》の協力を得て漁船をチャーターし、五月十一日、尖閣諸島に接近。上陸を阻止しようとする海上保安庁巡視船の妨害行為を潜り抜け、関や羽地ら十人が海に飛び込んで、泳いで上陸、魚釣島《うおつりじま》に日章旗を掲げることに成功した。

松浦は十日後に第二次隊を派遣することにしたが、松浦の要請を受けて園田や石原が海上保安庁に働きかけたこともあって、海上保安庁が黙認したため、第二次隊は簡易灯台や頑丈な宿泊施設などを建て、十日間単位で次々と上陸メンバーの入れ替えを続けた。

東京では松浦のもとに政府関係者や国会議員、ほかの右翼団体のメンバーらが集まり、魚釣島に新たに頑丈な灯台を建設したり、ヘリポートを造り、尖閣諸島を実効支配するための拠点としていった。

これには七八（昭和五十三）年に日中平和友好条約批准書交換のため来日した鄧小平も、こう言って苦笑いするしかなかったという。

「尖閣諸島の帰属は、いま決着出来なければ子々孫々の時代に解決すればよい」

松浦は、こうして熱心に政治的、経済的な活動に取り組んだが、これらとは別に関与して予想外のダメージを受けることもあった。

それはカルト教団「オウム真理教《しんりきょう》」との繋がりであった。

## オウム真理教の新聞広告を掲載

一九九一（平成三）年夏、松浦は麻原彰晃《あさはらしょうこう》（本名・松本智津夫《まつもとちづお》）と面会した。

麻原は、後に松本サリン事件や地下鉄サリン事件などのテロ事件を引き起こすことになる日本のカルト教団「オウム真理教」の教祖だった。

オウム真理教は九〇（平成二）年五月、熊本県波野《なみの》村（現・阿蘇《あそ》市）に進出し、教団の一大拠点を築こうと動き出したが、地元住民の烈《はげ》しい反対運動で撤退を余儀なくされた。

そんな中、オウム真理教は全国紙などマスコミ大手に、宗教団体の広告を掲載させて欲しいと考え、密《ひそ》かに打診していたが、どこからも断られてしまった。

そこに現れたのが松浦であった。

松浦は当時、「オウム真理教とは全く関係なかった」（本人の弁）が、松浦が主宰する法曹政治連盟の会員に高橋庸尚という弁護士がいて、その高橋が熊本県波野村の国土利用計画法違反事件でオウム真理教側の弁護を引き受けていたことが、関わりを持つきっかけとなった。

だが、波野村の件でオウム側は高橋に弁護料を支払わず、それを知った金融ブローカーで闇社会にも通じ松浦の事務所によく顔を出していた大塚万吉《おおつかまんきち》が、オウム側の広報責任者だった上祐史浩《じょうゆうふみひろ》に掛け合って弁護料獲得に成功した。

そんな事情もあって、高橋はいつの間にか松浦の事務所の一角を借りて弁護活動を始めていた。

松浦は大塚に指示し、高橋を通じてオウム側に、オウム真理教の広告をフクニチ新聞に掲載するように伝えた。

この当時のフクニチ新聞は経営難に陥って進退窮まっており、九〇（平成二）年四月十七日、福岡地裁に和議を申請した後は、労働組合を中心とした社員らが自主的に発行していた。

松浦は、経営破綻《はたん》したフクニチ新聞に十二億円の資金援助をしていたが、従業員に給与が払えないほど経営に窮していた。そこで彼はオウム真理教が多額の広告掲載料を支払えば、フクニチ新聞の再建に繋がると踏んだのだ。

オウム真理教は、フクニチ新聞への広告掲載の話に大喜びで乗ってきた。

松浦はフクニチ新聞に週一回一ページの範囲で、麻原を主人公にした劇画を掲載する話を決め、それを実行した。

そのうえ松浦はフクニチ新聞側にオウム真理教の広告を掲載するように指示。フクニチ新聞側もそれらの収入で社員の数カ月分の給料が賄えることになって、一同安堵《あんど》したし、オウム真理教は予想より多額の資金をフクニチ新聞に支払っている。

それでもフクニチ新聞は立ち直れず、九二（平成四）年四月、和議不調により破産申請が行われ、破産管財人によって強制執行が行われることになったのだ。それで全社員は解雇され、会社内より強制退去させられることになった。

このフクニチの経験から、松浦は、同じく資金面で支援していた『内外《ないがい》タイムス』社長の遠矢健一にもオウム真理教の広告を掲載するように指示した。

松浦と麻原が面談する話は、その遠矢が持ちかけてきたものだった。

九一（平成三）年、東京都港《みなと》区のホテルで二人の会談が行われた。

会談は一時間以上に及んだが、松浦は、やたら愛想が良く自分に対して全く反論して来ない麻原の態度に何となく胡散臭《うさんくさ》さを感じたといい、松浦が麻原と会ったのは結局、この一回だけであった。

ただ、ここで築いたオウムとの関係が後にとんでもない被害をもたらすのだから、得体の知れないオウムの恐ろしさは衝撃的であったと言わざるを得まい。

## カルト教団の黒幕と呼ばれて……

オウム真理教は八九（平成元）年から山梨県上九一色《かみくいしき》村（現・甲府《こうふ》市、富士《ふじ》河口湖《かわぐちこ》町《まち》）に進出し、富士ヶ嶺《ふじがみね》地区にある開拓民たちが手放した元国有地に「サティアン」と呼ばれる多数の信者の収容施設を建設し、後にサリンの製造など一連の犯罪の拠点としていた。

オウム真理教に関しては九三（平成五）年六月から七月にかけて、教団新東京本部の亀戸道場から発せられた悪臭騒ぎで住民たちから抗議が上がっていた。

九四（平成六）年七月には、上九一色村のオウム真理教施設近くで二回にわたって異臭が発生した。後の捜査で異臭発生現場近くからサリンを生成した際の残留物質である有機リン系化合物が検出された。

そのため同年六月二十七日に発生した松本サリン事件について、オウム真理教の関与が囁《ささや》かれるようになり、警察当局も疑いの目を向け、密かにオウムの内偵捜査を始めていた。

松浦はこの頃、オウム真理教の周辺で何かと姿を現したことから、マスコミ各社、それはテレビから新聞、週刊誌まですべてにおいて、「オウムの黒幕」と評されるようになっていた。

さらに、警察が松浦とオウム真理教の関係を捜査し始めたとされ、世間では「一連のオウム事件の背景には、松浦良右という大物黒幕がいる」と騒ぎ始めたのだ。

松浦が、オウム真理教を取材するジャーナリストらに高橋を通じて便宜を図ったことなどがそう思われた原因と見られるが、ほかにも松浦がかつて借りていた東京都千代田区内のマンションの一室に、その後、上祐史浩が入居したことも黒幕説を大きくさせた原因と思われた。

松浦自身は「部屋のことは全くの偶然であり、身に覚えのない話である」と否定したが実際のところはよく分からないし、世間の見方は厳しくなる一方だった。

この松浦黒幕説が世に広がっていった理由の一つに、警視庁が作成した一通の供述調書の存在があった。

その調書とは九五（平成七）年五月三十一日付の用紙十二枚に及ぶもので、供述者は読売新聞政治部出身の政治評論家、菊池久《きくちひさし》で、その内容は何と《一連のオウム事件はオウム真理教による単独犯行ではなく、国家転覆を図ったクーデターだった》としたうえで、《首謀者は麻原に大きな影響力を持っていた松浦良右である》と、はっきりと書いてあったのだ。

その供述調書の概要の一部を紹介すると、こんな恐るべき内容になっている。

《松浦は九一（平成三）年に菊池と会い、そこで法曹政治連盟の狙いなどを説明したうえで政治顧問就任を要請した。ところが、松浦の説明した計画はクーデター的に暴力を以《もっ》て政権奪取するというもので、具体的な戦術、戦略にまで言及したという。しかも、政権奪取に失敗した時は自衛隊に決起、蜂起《ほうき》を促し、首都、官邸、中央省庁を制圧し、革命的に新政府を樹立するというもので、これは国家反逆罪に相当すると判断し、要請を断った。その後、地下鉄サリン事件などオウム真理教による一連の事件が起こり、その内容や自衛隊ＯＢの関与などが松浦の構想に酷似していたことから、松浦とオウム真理教の繋がりを確信した。松浦の暴力による政府転覆思想が大塚らを通じて麻原に吹き込まれたのだ……》

などと、ここまで詳細に供述し、さらに自分の著作『オウム・クーデター〝幻の供述調書〟』として発表したこともあって、警察当局も松浦をオウム真理教の黒幕と見て、彼の周辺や身内に徹底的に捜査を行った。

　そして、松浦が関わったすべての会社に捜査員を派遣して、オウム関連企業というレッテルを貼ったり、松浦名義の全銀行口座を調べ上げたりした。

　そうなると銀行は松浦との取引を停止し、その結果、「ナミレイ」を含め、松浦の関係する企業十八社が潰《つぶ》れてしまった。

　さらに菊池は九五（平成七）年、松浦が「オウム真理教関係図」なる怪文書の中に登場するとして取り上げ、痛烈に批判した。

　松浦は菊池に対して徹底的に反論し、最終的には謝罪させたが、世間は松浦を「オウムの黒幕」と見なし、そのイメージは簡単には修正出来なかった。

　そこで松浦は親が付けてくれた自分の名前を捨てることを決断した。そして、新しい名前として「朝堂院大覚」を名乗ることにした。

「朝堂院」とは政務や国家的儀式を司《つかさど》る建物群を指し、平安時代に「太政官《だいじょうかん》院」からそう呼ばれるようになり、現在の国会議事堂に相当する意味を持つ。

「大覚」は仏教用語で「大悟《だいご》＝悟りを開くこと」を指し、世の中を目覚めさせるためにこの名前を名乗ったという。

「オウムの黒幕」と見なされ、警察当局の家宅捜索が入ろうとも、平然と自分の信じた活動を続けていった松浦は、世の中を改革するためには、自分が何と言われようが構わず、自分を信じて堂々と生きて行くしかないと考えていたのである。

本書ではこれ以降、松浦良右を朝堂院大覚と称することにする。

## 六本木・ＴＳＫビル争奪をめぐる激闘

東京の四大地上げ場所と言えば、港区南青山《みなみあおやま》三丁目（約五千平方メートル）をはじめ三鷹駅北口（約二万平方メートル）、聖蹟桜ケ丘《せいせきさくらがおか》の都営住宅地（約五千平方メートル）、そして港区六本木のＴＳＫビルが建つ土地（約四千平方メートル）である。

どの物件も所有者や関係者間で紛争を抱え、再開発を行うためには、いろいろと難しい問題が残っているとされてきた。

中でも最難関は六本木の土地と言われ、特に六本木交差点の一画にありながら人を全く寄せつけないＴＳＫビル群は、六本木ヒルズの誕生で周辺の開発が飛躍的に進んでいるだけに、密《ひそ》かに壮絶な争奪戦が繰り広げられていた。

その中心は、一九七三（昭和四十八）年七月に完工した巨大ビルであり、正式名はTSKCCCビルという。

TSKは「東亜相互企業」を、CCCは「セレブリティー・チョイス・クラブ」を意味するイニシャルで、約四千平方メートルの敷地に巨大な石積みに囲まれた地上七階、地下二階の豪華と言うより荘厳と称する方が相応《ふさわ》しいビルだった。一階には飲食店やスポーツジム、美容院、東亜相互企業事務所のほかに病院まで完備していた。

同年七月十一日の竣工《しゅんこう》記念パーティーには皇族をはじめ、政界からは岸信介元首相や園田直衆院議員、財界からは東急グループ総帥の五島慶太、西武流通グループの堤清二、三越百貨店会長の岡田茂、スポーツ界からは巨人《きょじん》軍の長嶋《ながしま》茂雄《しげお》、芸能界からは鶴田《つるた》浩二《こうじ》や三田《みた》佳子《よしこ》、旧満州の大スター・李香蘭こと山口淑子、歌手のちあきなおみらスターたちが顔を揃え、数千人の招待客で賑《にぎ》わった。

迎える側は、戦後日本の黒幕中の黒幕と言われた暴力団東声会の初代会長、町井久之と、右翼の児玉誉士夫ら闇社会の大物たちであった。

町井は韓国の朴正熙《パクチョンヒ》大統領と親しいうえ、韓国の政界要人とも繋《つな》がりが深く、韓国政府の代理人的な存在であった。また、町井は三代目山口組の田《た》岡《おか》一雄《かずお》組長から舎弟盃《さかずき》を受けており、闇社会を象徴する人物であった。

だが一時は隆盛を誇ったＴＳＫビルも、朴大統領の暗殺や、何かと町井の相談に乗るなど盟友であった児玉誉士夫が七六（昭和五十一）年にロッキード事件で逮捕されたこともあって、次第に陰りが見え始め、七七（昭和五十二）年六月には東亜相互企業が倒産。多くの店舗が閉鎖され、デヴィ・スカルノ夫人や歌手の松尾《まつお》和子《かずこ》らの経営する店が進出するなど新たな動きが見られたが、勢いを盛り返すことは出来なかった。

そんな中、昭和の闇社会に君臨した児玉と町井が相次いで死去したため、「幽霊ビル」と呼ばれ衰退の一途を辿《たど》っていたＴＳＫビルに絡む権利をめぐって、金融機関はもとより、暴力団や総会屋、金融ブローカー、事件屋など闇社会の面々が次々と現れて、強硬に不当な主張を展開し始めた。

町井の家族などでは、海千山千の彼らには到底対抗出来なかった。

まずは二〇〇三（平成十五）年六月、巨大ビル群となったＴＳＫビルのうち第六、第七、第八ビルの所有権者が、千葉県市川《いちかわ》市にある小規模な不動産会社「一條」に移った。

さらに同年八月には「一條」の関連会社で同じく市川市にあるイスコ建築事務所から売買予約とする所有権移転請求権が仮登記された。

そんな中で町井の元側近が朝堂院のもとに相談に訪れ、朝堂院は事態の収拾を要請された。これで朝堂院がTSKビル問題に関わることになった。

朝堂院は、TSKビルの中に構えた事務所で暴力団や企業舎弟、倒産整理屋、そして、外資系ハゲタカファンドなどに対応した。

巨大ビル群の半分は部分競売などで売却先が決まったが、残りの半分は所有権が誰にあるのか分からず、朝堂院が事実上押さえていた。

朝堂院はこの土地を一つにまとめ上げてデベロッパーに引き渡すことを考えていたと見られている。

## 朝鮮総連本部ビルを売却する

二〇〇七（平成十九）年六月十二日、朝堂院と親しい人物が絡んだ予想外の事件が発覚した。

東京都千代田区富士見《ふじみ》に所在する在日本朝鮮人総連合会（朝鮮総連）中央本部の敷地と建物の登記が、五月三十一日付で「ハーベスト投資顧問」なる株式会社に変更されていたことが、毎日《まいにち》新聞のスクープで明らかになったのだ。

この投資顧問会社の代表取締役が緒方重威《おがたしげたけ》で、緒方は朝堂院と親しかったうえに、公安調査庁の元長官であった。

何と言っても、朝鮮総連は公安調査庁の調査対象団体であり、整理回収機構（RC C）に計六百二十七億円に上る返還請求訴訟を起こされ、六日後の六月十八日に返還命令を受けることが有力視されていたのだ。

そのため中央本部は、差し押さえを逃れる手段として所有権を移転したのだが、移転先が何と元公安調査庁長官の緒方が営む会社だったのだから、関係者たちは驚き呆《あき》れるどころか、パニックに陥ってしまったという。

緒方は一九九五（平成七）年、公安調査庁長官として、地下鉄サリン事件をはじめ一連のオウム真理教事件で教団への調査活動を陣頭指揮し、史上初の破防法に基づく教団への解散指定処分請求に道筋を付けた人物として高く評価されていた。

緒方は検察庁一筋の〝堅物〟で、九七（平成九）年に広島高検検事長を最後に退官し、東京・銀座に弁護士事務所を開設した。

そのころ、現在の安倍晋三首相の父親で清和《せいわ》会を率いた安倍晋太郎代議士の後継者と言われ清和会の後任会長に就任した三塚博・自民党衆院議員の秘書だった満井《みつい》忠男《ただお》という男が朝堂院のもとを訪れ、「刑事事件専門の辣腕《らつわん》弁護士を紹介して欲しい」と依頼してきた。

満井は都内を中心に二十五のビルを所有するほか、米国シアトル市にも約五千坪の土地を持ち、当時九州一の大きさを誇った長崎プリンスホテルを経営する実業家であり、朝堂院とは九〇（平成二）年からの付き合いであった。

特に満井はかつて朝鮮総連から土地を購入したことがあり、そこに二十階建てのビルを建設した実績があった。その時の交渉相手が後に「朝鮮総連のドン」と言われるようになる許宗萬《ホジョンマン》副議長だったから、彼が朝鮮総連内に対して力を持っていたことは間違いなかった。

その満井が朝堂院に「朝鮮総連中央本部の土地・建物約二千三百平方メートルを三十億円で購入しないか」と持ちかけてきて、朝堂院は購入すると即答した。

ところが、満井の話には裏があり、それは仰天するような申し出であった。

「中央本部の土地・建物は売却するが、建物は朝鮮総連が五年八億円の賃料を支払って、そのまま使用するという話だ。この話が成立すれば、見返りに総連関連施設のグラウンドなど約六千平方メートルが格安で購入出来る〝美味《おい》しい話〟だよ」

満井はそう誘いをかけたが、朝堂院は疑いを抱き、断ってしまった。

そこで満井は緒方に話を持ち掛け、緒方が受けたことから毎日新聞のスクープ記事に繋がったのだ。

東京地検特捜部は当初、許宗萬を主犯とする朝鮮総連幹部による競売妨害事件とみて捜査し、共犯者として緒方や満井を逮捕する予定だった。

しかし、この時、ちょうど北朝鮮に対する六か国協議が再開され、北朝鮮への経済制裁が解除されるなど日朝両国間の関係改善が進んでいたため、政府の対応が及び腰になってしまった。

つまり、事件は朝鮮総連虚偽登記容疑にすり替えられ、本来は主犯だった朝鮮総連が被害者に代わったのだ。

東京地検特捜部は二〇〇七（平成十九）年六月二十八日、土地・建物の所有権を移転させるなどして騙《だま》し取ったとする詐欺容疑で、緒方と満井、資金調達役の元信託銀行員の三人を逮捕した。

この逮捕劇は、実は、ＴＳＫビル問題にも少なからぬ影響を与えていた。

東京都は二〇〇三（平成十五）年、職権を発動して三十年間未登記であったＴＳＫビルを登記したうえで、前述した千葉の不動産会社「一條」に売却した。「一條」はそのビルを何と、外資系ハゲタカファンドのダミー会社である「トラストインベストメント」に売却したのだ。

だが、このビルは留置権組合が所有する建物になっており、空き家として放置された恰好《かっこう》になっていたため、都が勝手に登記したことから、朝堂院が原状に戻すように訴訟を起こしたのである。

留置権組合はＴＳＫビル全体の権利を有し、部屋を使用する権利は東亜ビル管理組合が持っていて、その顧問を朝堂院が務めていたという訳である。

この組合が持つ管理権はビルの管理運営をすべて任せるという契約になっており、朝堂院はその対価として一億五千万円を町井の息子に支払っていて、決して不法占拠していたわけではなかった。

それゆえ緒方と満井は六本木でのプロジェクトを進めるため、朝堂院に頭を下げ、「ビルを完成させるために五月末までにテナントと一緒に出て欲しい。そうすれば、九月末に立ち退き料十五億円を支払う」と申し出た。

朝堂院は納得出来なかったが、一ヵ月につき約一千万円の金利相当分をもらうことで五月末に立ち退いた。

ところが、その二週間後に緒方らが逮捕されてしまった。朝堂院は十五億円どころか建て替えていたテナントの立ち退き料の一部三億円も戻らず、大きな損失を被ってしまったのである。

東京地検特捜部は、満井と緒方がＴＳＫビルの地上げで必要になった資金を調達するために朝鮮総連のカネを騙し取ろうとした、という筋書きで捜査し、立件しようとしていた。

そして、東京地裁での裁判はその線で着々と進み、朝堂院の主張は全く受け入れられず、緒方らは有罪となった。

ビルの跡地は駐車場になったが、その後も所有権は転々とし、現在は大手不動産会社の所有となっている。朝堂院は今も、立ち退き料をめぐって係争中である。

朝堂院はその後も精力的に活動したが、中でも芸能やスポーツ事業に対する思い入れは凄《すさ》まじいものがあった。

特に一九九〇年代後半ころからは、朝堂院が経営する黒人専用サロンを通じて知り合った世界的な人気歌手、マイケル・ジャクソンのコンサートや各種事業に関わり、彼の黒人自立支援運動などに約二十億円を融資するなどした。

ところが、マイケルは事業を進めようとした矢先に、様々な奇行や金銭トラブル、性的虐待容疑での逮捕、声が出ないなどの体調不良……と受難が続き、ついに二〇〇九（平成二十一）年六月二十五日に亡くなってしまった。

マイケルは、日本国内に「マイケル・ジャクソン・ジャパン」を設立したといい、空港への送り迎えやホテルの予約はもとより、各種事業を資金面や運営面で支えてくれた朝堂院を「日本の父」と呼んで慕っていた。そのため、朝堂院のもとにはマスコミの取材依頼が殺到し、彼の周辺が久々に騒がしくなった。

朝堂院大覚こと松浦良右が政治的、経済的な事件からオウム真理教、朝鮮総連、果てはマイケル・ジャクソンに至るまで、どこまで深く関わっていたかについて、本当のところは、本人以外にはよく分からないだろう。

ただ、マイケルの死でテレビカメラや雑誌記者に囲まれる自分の姿を見て、それは朝堂院にとっても、まさに「最後の徒花《あだばな》」と言っていい〝哀しい宴《うたげ》が終わった後〟であったことは間違いなかった。

## 右寄りの論客を歓迎する自民党政権

話を冒頭の「桜を見る会」に戻そう。

このオグリという男が「桜を見る会」に出席していたことがなぜ、そんなに問題になるのだろうか。

安倍首相や政権中枢の閣僚、高級官僚が「招待者名簿を捨てた」と苦しい弁明までしなければならないほど、オグリは「隠さなければならない存在」なのか。

オグリという男がそこまで安倍首相や政権中枢を恐れさせているのはなぜか。

政財界の重鎮たちの間では、戦前から君臨する「歴代の悪党」どもが握ってきた自民党政権や安倍首相の弱みを、オグリが聞いて受け継いでいるのではないか——といった類《たぐい》の怪情報が飛び交ったが、はっきり言って、いずれも明確な証拠がなく、裏付けが取れない話ばかりであった。

実は、それらの怪情報の背景には、さらに具体的な問題点と、深い裏事情が隠れていたのだ。

ここからは今、オグリ自身がうかつに話せないほど微妙な情勢下にあり、詳《つまび》らかに出来ない点も多いのだが、可能な限り書き進んでいこうと思う。

第一点は、前述した尖閣諸島への強行上陸作戦で、松浦良右の対策会議に顔を出すなど協力していた老舗《しにせ》右翼団体の幹部が、後に自身が灯台を建てる作業に伴って過労が祟《たた》り、石垣島《いしがきじま》で死亡していたことである。

オグリはその人物の遺族に関係する人間であり、中国をはじめ諸外国に対して安倍首相が腰が引けていると感じて憤っていたというのだ。

二点目は、鹿児島県の馬毛《まげ》島《しま》を買収し、朝鮮半島有事などに備えた米軍基地を建設しようという計画に対し、オグリは問題が表面化するよりはるか以前から、所有者や近隣住民らの意を受けて反対運動に加わっていた一員であったことだ。

オグリは単に馬毛島への基地建設反対を訴えていただけではなく、日本国内における安易で曖昧《あいまい》な防衛政策に異を唱えていたと見られる。

三点目は、オグリが崇拝している先輩諸氏の中に、一九六九（昭和四十四）年から『国会タイムズ』を（前身の『副都心タイムズ』は五六年から）刊行している五《ご》味武《みたけし》がいたことだ。

五味は自他ともに認める「ブラックジャーナリスト」で、丸々一章を費やして紹介したいほど豊富なエピソードを持つユニークな人物なのだが、ここでは簡単に紹介しておくことにしよう。

五味は二六（大正十五）年二月十日、福島県耶麻《やま》郡喜多《きた》方《かた》町で映画館主の次男として生まれた。

五味の名前が世に知れ渡ったのは、田中角栄の金脈問題を、評論家の立花隆《たちばなたかし》が月刊誌『文藝春秋《ぶんげいしゅんじゅう》』一九七四（昭和四十九）年十一月号で発表する一年以上も前に、『国会タイムズ』で掲載し、追及したことであった。

五味はこのほか、三越の岡田・竹久問題を暴いたり、日韓《にっかん》関係などをめぐって笹川良一と対決したり、国会内外で暴れ回った反骨精神旺盛な男として知られる。

オグリはそんな五味のもとに出入りし、情報収集や関係者への根回しなど手間が掛かる仕事を手伝ったことがあり、硬軟ギリギリの中での取材活動や発刊決断といった難しい局面における判断力や、相手側の圧力に対する防御力を学んでいったという。

そんなオグリの周辺には、本人の意思とは関係なく、五味をはじめとするブラックジャーナリストのネットワークが息づいており、オグリを必要以上に恐れさせている理由の一つと見られている。

彼らブラックジャーナリストたちの中には、政治家やその取り巻き連中に食い込んで、利権の一部を獲得したり、〝新しい儲《もう》け話〟を生み出したりする輩《やから》もいて、ある意味、彼らも「政界ヤクザ」と言えなくもない。

四点目は、オグリを支持・支援している右翼関係者の多くが、従来の右翼活動家とは異なり、ほとんど街頭演説などは行わず、インターネットを使った言論活動を主としていることである。

「ネット右翼」と呼ばれる面々をはじめ、メンバーとの連絡や新しい仲間の募集にも、インターネットやメールを活用するという新しい勢力が主流を占めていることが最大の特徴だという。

現在の自民党政権はこれまでと同様に、政治的な権力を望み、経済的な利益を欲する政財界の面々によって支えられているが、国民の支持者としては保守的な中流階級の市民層や、〝右寄りの論客〟らが大きなウエートを占めてきている。

そうした人々は急激な変化を嫌い、「仲良しクラブ」を求めている。そんな面々の推薦を受けて決めているとされる「桜を見る会」の出席者に、ネット右翼をはじめ〝右寄りの論客〟たちが入っていても、決して不思議ではないだろう。

安倍政権からすれば、そうしたメンバーが出席者に入っていたことは問題ではなく、彼らを選んだ真の理由や、選考方法をめぐるトリックがバレて、批判を浴びたことが問題であり、心外なのである。

これこそが安倍首相率いる自民党政権の甚だしい公私混同ぶりを証明する有力な証拠だと言わざるを得まい。

安倍首相以下、政権を支える面々は、良く言えば「一致団結」、悪しざまに言えば社会の常識人たちとは異なった「一風変わった見方をするセンセイ方」の集団なのかも知れない。

そして、何よりも大事なことは、そこに集う「ネット右翼」や〝右寄りの論客〟こそが、次の「政界ヤクザ」を生み出す候補生たちなのである。

## 政治家とヤクザは表裏一体

「暴力団ほど選挙の時に役に立つ面々はいない。何しろ信頼出来るのが素晴らしい。彼らは絶対に裏切らないからね」

そう語るのは、衆院選小選挙区を仕切る地元選挙事務所のベテラン運動員。一言添えさせて頂けば、前述した「一風変わった見方をするセンセイ方」の事務所の職員である。

この運動員が明かす暴力団員の〝良い所〟を順繰りに示してみよう。

まず、暴力団員たちは地域社会に根づいているため、高齢者や病人など選挙に行きたくても行けない人々を担ぎ出し、車に乗せて投票所まで運んでくれるなどサービス満点である。

仮に投票に行きたくない人がいても、腕を引っ張って連れて行くし、集票マシンとして使えるだけでなく、組織票の一つとして計算出来るのが大きいと言うのだ。

しかも、暴力団は大抵情報通であり、世の裏の裏まで知り尽くしている。

有権者の仕事上での利害関係を調整し、自分たちが応援する候補者への投票まで導くことが出来るし、敵陣営のスキャンダルを摑《つか》み、攻撃キャンペーンを張ったり選挙活動を押さえ込んだりすることもある。

ヤクザが選挙妨害した例は関係者が後難を恐れて口をつぐむことが多いため、なかなか表面化しにくいのだが、分かりやすい例としては二〇〇〇（平成十二）年に山口県下関市の安倍首相宅や地元事務所に火炎瓶が投げ込まれ、暴力団工藤會の組員たちが逮捕された事件があった。

中核都市の下関市長選が前年にあり、安倍事務所に依頼されて反安倍陣営への選挙妨害を行ったと主張する地元ブローカーと暴力団組員が、その報酬がきちんと支払われていないことに怒って火炎瓶を投げ込んだという経緯が、後に開かれた裁判で明らかになっている。

安倍事務所は当然否定しているが、政治家とヤクザは一般的にこれまで不可分の関係であったとされる。

選挙にはカネがかかるものだが、候補者側は暴力団など闇社会の面々から裏金を融通してもらえるメリットがあるし、暴力団側も口利きや選挙活動の下働きなどの活動が収入源になるから励みになり、選挙事務所側も暴力団員側もまさに「お互いさまで有難い」と語っている現状なのだ。

こうしたメリット・デメリットは共産党を除けば、自民党以外のどの政党でもほぼ同じだとされる。

〇七（平成十九）年の参院選挙で六代目山口組は中核組織の弘道会を中心に、当時の民主党を応援したことがあった。

これは民主党側から要請した訳でもなければ、打診したこともなかったのに、組員たちは同じ組関係者だけでなく、ブラブラしている若者らにも声を掛け、民主党候補への投票を呼びかけたという。

この年の参院選挙は、民主党が六十議席を得て、三十七議席しか取れなかった自民党に大勝し、二年後の政権交代に繋がったとされている。

こうした暴力団組織の行動が多少なりとも民主党政権の誕生に貢献したのではないか、と見られていることは否定出来まい。

警察や行政関係者の間でよく言われる言葉に、「地元の縄張りを、表で仕切っているのが政治家で、裏で仕切っているのが暴力団だ。いわば政治家と暴力団は表裏一体の関係にあると言っていい。口利きしてバックを取るやり方が政治家と暴力団は全く一緒なのだ」というのがある。

この論理を永田町に持ち込み、「国のため」「有権者のため」という大義名分を掲げて好き放題やっているのが政治家であり、その行動を陰《かげ》日向《ひなた》になって支えているのが「政界ヤクザ」なのである。

言わば、それこそが「政界ヤクザ」の神髄であり、まさしく正体なのである。

# 文庫版あとがき

二〇一七年二月に角川文庫で『経済ヤクザ』を出版して以降、「次は政界ヤクザを書いて欲しい」という読者の声が幾つも寄せられていたが、なかなか執筆する機会がなくて残念なことに今まで延びてしまった。

『政界ヤクザ』の出版がここまで延びた理由は、私の体調が悪く、時間的・体力的に余裕がなかったなどの事情もあったのだが、それ以上に筆が進まなかったのは、日本の政治がただ単に面白くなかったからに他ならない。

旧民主党政権の内政が失敗したこともあって、二大政党制を前提とした小選挙区制選挙の理想が崩れ、理想も頭脳の程度も高くない小ぶりな政治家が増えてきた。

安定多数を得た自民党は何をやっても許されるような傲慢《ごうまん》な政治を行うようになって、そこには何の喜びも楽しみも見《み》出《いだ》せない「安定はしているが詰まらない世の中」が広がっているだけになってしまったのだ。

この間、事件や出来事はそこそこあったのだが、例えば森友《もりとも》学園問題のように、あれだけ連日にわたりテレビや新聞で報じられるなど大騒ぎになったのに、しかも安倍首相夫妻が現場に登場して顰蹙《ひんしゅく》を買っていたのに、結局は経営者夫妻だけが罰せられて、政治家やその家族は一切お咎《とが》めなしで終わってしまった。

今や、何をどう足掻《あが》いても無駄であるような気がしてならない。

国際社会を見回しても、米国は相変わらず何を言い出し、何を仕出かすか分からないアメリカファースト主義を唱えるトランプ大統領の再選が有望視されているし、外交から経済に至るまでとにかく強気に政策を押し進めてきた中国・習近平政権は、新型コロナウィルスによる肺炎騒動の封じ込みに手間取り、足元が揺らいでいるのに、敢えて無視して平然と構えているように思えてならない。

今こそ政治が奮起する時ではないか——そう思った時、だからこそ今、『政界ヤクザ』を書かなければならないと確信した。

バブル経済が崩壊し、国民総保守主義で安定ばかり求めている現在。安定が悪いとは言わないが、そこに何か希望の光が見出せないか——それだからこそ、政治家や財界人はもとより、その周囲にまとわりついている政界ヤクザ、経済ヤクザも活発に動き回らなければならないのだ、と痛感している。

だが、現実を直視すると、田中角栄や中曽根康弘といった、何かやってくれそうな大物政治家はいない。児玉誉士夫、小佐野賢治亡き後、闇社会から飛び出してきて、良きにつけ悪しきにつけ世の中を変革する輩《やから》も存在しないのだ。

今のままでは〝看板倒れ〟に終わってしまいそうな安倍首相には「桜を見る会」ではなく、その苗木を育てる会を開くことを、是非ともお勧めしたいものである。

二〇二〇年五月

一橋　文哉

# 主要参考文献

『経済ヤクザ』（角川文庫）一橋文哉
『風雲　上・中・下　児玉誉士夫著作選集』（日本及日本人社）児玉誉士夫
『〈現代の黒幕〉児玉誉士夫の虚像と実像』（創魂出版）猪野健治
『笹川良一研究　異次元からの使者』（中央公論社）佐藤誠三郎
『巣鴨日記』（中央公論社）笹川良一
『裁かれる首相の犯罪　ロッキード法廷全記録』全十六集（東京新聞出版局）東京新聞特別報道部編
『ロッキード事件　疑獄と人間』（朝日新聞社）朝日新聞東京本社社会部
『岸信介回顧録　保守合同と安保改定』（廣済堂出版）岸信介
『日本の黒幕　小佐野賢治の巻』全四冊（新日本出版社）日本共産党赤旗特捜班編
『政治家田中角栄』（中央公論社）早坂茂三
『田中支配』（朝日新聞社）朝日新聞政治部
『田中角栄　消された真実』（弘文堂）木村喜助
『実録　田中角栄　上・下』（朝日文庫）大下英治

『右翼事典　民族派の全貌』（双葉社）社会問題研究会編
『「右翼」の戦後史』（講談社現代新書）安田浩一
『総會屋五十年』（評論新聞社）久保祐三郎
『やくざと抗争　上・下』（徳間文庫）安藤昇
『実録　総会屋　超大物総会屋がすべてを実名で明かす「これが総会屋の真実だ」』（ぴいぷる社）小川薫
『「冒頭陳述」　政治家・暴力団・バブル紳士の事件簿』（毎日新聞社）サンデー毎日特別取材班編
『兜町《シマ》を牛耳る闇の紳士たち　崩れる株神話』（ベストブック）東京タイムズ取材班
『会長はなぜ自殺したか　金融腐敗＝呪縛の検証』（新潮文庫）読売新聞社会部
月刊誌『新潮45』（新潮社）、『週刊文春』（文藝春秋）ほか雑誌類
朝日、読売、毎日、産経、日本経済の各新聞

本書は、小社から刊行された新書『国家の闇　日本人と犯罪〈蠢動する巨悪〉』『人間の闇　日本人と犯罪〈猟奇殺人事件〉』（ともに二〇一二年三月刊）、『マネーの闇　巨悪が操る利権とアングラマネーの行方』（二〇一三年一月刊）からそれぞれ抜粋したものに、大幅に加筆修正して文庫化したものです。

# 政《せい》界《かい》ヤクザ

一《いち》橋《はし》文《ふみ》哉《や》

令和２年　６月25日　初版発行
令和６年　11月25日　４版発行

発行者●山下直久

発行●株式会社KADOKAWA
〒102-8177　東京都千代田区富士見2-13-3
電話　0570-002-301（ナビダイヤル）

角川文庫 22211

印刷所●株式会社KADOKAWA
製本所●株式会社KADOKAWA

表紙画●和田三造



●お問い合わせ
https://www.kadokawa.co.jp/（「お問い合わせ」へお進みください）
※内容によっては、お答えできない場合があります。
※サポートは日本国内のみとさせていただきます。
※Japanese text only


ISBN 978-4-04-109406-8　C0195

# 角川文庫発刊に際して

角川源義

第二次世界大戦の敗北は、軍事力の敗北であった以上に、私たちの若い文化力の敗退であった。私たちの文化が戦争に対して如何に無力であり、単なるあだ花に過ぎなかったかを、私たちは身を以て体験し痛感した。西洋近代文化の摂取にとって、明治以後八十年の歳月は決して短かすぎたとは言えない。にもかかわらず、近代文化の伝統を確立し、自由な批判と柔軟な良識に富む文化層として自らを形成することに私たちは失敗して来た。そしてこれは、各層への文化の普及滲透を任務とする出版人の責任でもあった。

一九四五年以来、私たちは再び振出しに戻り、第一歩から踏み出すことを余儀なくされた。これは大きな不幸ではあるが、反面、これまでの混沌・未熟・歪曲の中にあった我が国の文化に秩序と確たる基礎を齎らすためには絶好の機会でもある。角川書店は、このような祖国の文化的危機にあたり、微力をも顧みず再建の礎石たるべき抱負と決意とをもって出発したが、ここに創立以来の念願を果すべく角川文庫を発刊する。これまで刊行されたあらゆる全集叢書文庫類の長所と短所とを検討し、古今東西の不朽の典籍を、良心的編集のもとに、廉価に、そして書架にふさわしい美本として、多くのひとびとに提供しようとする。しかし私たちは徒らに百科全書的な知識のジレッタントを作ることを目的とせず、あくまで祖国の文化に秩序と再建への道を示し、この文庫を角川書店の栄ある事業として、今後永久に継続発展せしめ、学芸と教養との殿堂として大成せんことを期したい。多くの読書子の愛情ある忠言と支持とによって、この希望と抱負とを完遂せしめられんことを願う。

一九四九年五月三日

# 角川文庫ベストセラー

## 最終増補版　餃子の王将社長射殺事件　一橋文哉

2013年12月19日早朝、王将フードサービスの社長・大東隆行氏が本社前で何者かに射殺された。3年近く経っても捕まらない実行犯とその黒幕を、関係者への極秘取材で追う。文庫化にあたり最終章を追加！

## 経済ヤクザ　一橋文哉

日本の経済はこうして動かされてきた。政界や一般企業に食い込み、地下経済を自在に操ってきた者たちの姿とは？　国際ハッカー集団「アノニマス」直撃取材など最新事情にも斬り込む「闇社会経済図鑑」！

## 世田谷一家殺人事件　韓国マフィアの暗殺者　一橋文哉

2000年12月31日、世田谷区上祖師谷の一家四人が無残な状態で発見された。現場に多数の痕跡を残しながら捕まらなかった犯人。その犯人を追い著者が向かった先とは？　真犯人がついに本書で明らかになる。

## 聖《さとし》の青春　大崎善生

重い腎臓病を抱えつつ将棋界に入門、名人を目指し最高峰リーグ「A級」で奮闘のさなか生涯を終えた天才棋士、村山聖。名人への夢に手をかけ、果たせず倒れた〝怪童〟の人生を描く。第13回新潮学芸賞受賞。

## いつかの夏　名古屋闇サイト殺人事件　大崎善生

「闇サイト」で集まった凶漢3人の犯行で命を落とした1人の女性がいた。彼女はなぜ殺されなくてはならなかったのか。そして何を遺したのか。被害者の生涯に寄り添いながら事件に迫る長編ノンフィクション。